小川さゆり、宗教2世

小川さゆり

小学館

小川さゆり、宗教2世

目次

カバーデザイン　tobufune
カバー写真撮影　藤岡雅樹
本文デザイン　クマガイグラフィックス

はじめに
この苦しみをもう繰り返さないために

その日は朝から雨が降っていました。

夫は先に家を出て、職場へ向かいました。日本外国特派員協会の記者会見は、子どもの同席が不可であったため、私は生後5ヶ月の赤ちゃんを託児所へ送ってから、会見場のある丸の内に向かうことにしました。

託児所で別れるときに、息子は泣きませんでした。それまでも離れるときにぐずることは一度もなく、初めての人の前でもいつもおとなしくしています。しかし、私たち夫婦の前では泣き叫んで甘えるわが子の姿は、幼かった頃の自分を見ているかのように思えました。

「この子のためにがんばらなくてはいけない」

私はスーツが濡れないか心配しながら、冷たい雨の街を急ぎました。

会見場に着くと通訳の方が待っていてくれて、一緒に原稿チェックをしているうちに時間はあっという間に過ぎていきました。

「では、行きましょうか」

スタッフの方に声をかけられ、私は記者会見場の入り口に立ちました。

はじめに

２０２２年10月７日午後２時、生まれて初めての記者会見が始まりました。座席は大勢の記者で埋め尽くされ、その背後には複数のカメラが並び、すでに中継が始まっていることを感じ、唾を飲みました。

慣れない状況に内心動揺していましたが、ここで失敗できないという責任の重さと、声を上げられない被害者の方々を思い出し、なんとか緊張を鎮《しず》めていました。私は幼い頃からの苦しみを思い出し、そして生まれたばかりのわが子の顔を思い浮かべました。このような苦しみは繰り返してはいけない、そのために訴えるべきことがあると自分を奮《ふる》いたたせました。会見中、仕事をしながらも私を支え続けてくれた夫が隣にいたことも、勇気を与えてくれました。

とにかく冷静に言葉をしっかりと伝えることに集中しました。複数の大きなカメラを向けられ、記者から難しい質問が次々と投げかけられますが、ひとつひとつ落ち着いて返そうと努めていました。

けれど、そこにまったく予想もつかない出来事が起きたのです。

会見が始まってから45分ほどが経った頃です。

まだ質疑応答の途中にもかかわらず、夫がスタッフに呼ばれて席を立ち、司会の人と何やら慌ただしく話し始めました。私は何を話しているのか全くわからず、会見中にそんなに話すことがあるかと怪訝《けげん》に思ったものの、そもそも会見自体が初めてでしたし、それ以上の考えに至りませんでした。

しかし、いよいよ夫たちの動きが慌ただしくなり、会見に何秒もの空白ができたところで、疑問が確信へ近づいていきます。

何か問題が起きているのでは——。

私は夫と司会の人が話しているほうに耳を傾けました。しかし、何のことを話しているかさっぱりわかりません。夫が席へ戻り、私の肩を軽く叩きました。そして、英文で書かれた1枚の紙を私に見せながら、小声で話し始めました。

「統一教会（現・世界平和統一家庭連合）から、さゆりが精神疾患を抱えて嘘をつくようになっているため、会見を中止するようにっていうＦＡＸ２枚が届いてる」

会見後に確認しましたが、あのとき特派員協会に届いていた２枚のＦＡＸの片方には、統一教会の代理人である弁護士名で、「本日の記者会見は中止して頂けるよう、要請します」「万一、この要請を無視して記者会見を敢行し、小川氏による事実無根の言説によって当法人の名誉が毀損《きそん》された場合、貴記者クラブに対する法的責任追及も視野に入れることになります」と記載されていました。

また、私については、

「小川氏自身のＴｗｉｔｔｅｒの最初の頁で認めているとおり、『解離《かいり》性同一性障害』などの深刻な精神疾患を患っています」

「ご両親によると小川氏は以前からこうした症状があったとのことですが、安倍元総理大臣襲撃事件に伴うマスコミ報道以降、この症状が更に酷《ひど》くなり、過去の事実と全く異なる事実をメディアや政党の会合などで頻繁《ひんぱん》に話すようになったとのことです」

と書かれていました。

会見のとき、夫は私への負担を考慮して、訴訟の脅しの部分などを伏せてFAXの概要を伝えてくれました。しかし私は、夫の口から出てくる言葉のひとつひとつが信じられず、頭が真っ白になっていきました。

「ここに両親ふたりの署名も入ってる」

そう言われてFAXに再び目を向けると、見慣れた父と母の名前の字が目に飛び込んできました。その瞬間、思わず眉間《みけん》に力が入りました。

「ここまでするのか……」

あまりの驚きに、平静を取り繕うのに必死でした。

生まれてから20歳頃までは、第二の家族のような存在で、ずっと自分の居場所だと思っていた統一教会。

——死ぬまで統一教会から離れない。

教祖である文鮮明《ムンソンミョン》が亡くなった数ヶ月後、教会で配られる決意を書く紙に、私はそのように記していました。統一教会が学生時代の自分のすべてであり、自分の存在意義といっても過言ではありませんでした。

実際には統一教会が多くの被害者を生み出し、いまも被害を認めていない団体であることは、十分にわかっていたつもりでした。

しかし、いざ自分がこうして、よくもこんな酷いことを思いついたなというような理屈で、会見を中止させられようとしている事実に直面し、この団体の真の姿を思い知らされたように感じました。

私は20年間何を信じてきたのだろうかと自分に呆《あき》れると同時に、私を支えてくれた夫の努力をも侮辱しているかのような言い分に、心の底から怒りが湧きました。

夫は、会見を続けるかどうか、私に確認しました。周りのスタッフも、無理をしなくてもいいと気遣ってくれています。

しかし、私はこんな理不尽なことをされたまま中止してたまるか、ここで負けては絶対にいけないと思いました。私は続けたい旨を夫に伝えました。やめるという選択肢は私にはありませんでした。

続けて、そのFAXをここで読みあげるかどうかについて、夫から尋ねられました。いまの自分が冷静にその文章を読めるとは思えませんでしたし、その場で正確に内容を伝えられる自信がなかったので、夫を頼りました。

あとで聞いたところによると、ＦＡＸは英語と日本語の両方が届いていました。10時30分を過ぎた頃に英語で書かれたＦＡＸが１枚届き、会見が始まる1時間前ぐらいに日本語のものが１枚来ていたようです。けれど、その時間は皆が会場のセッティングなどで忙しく、そのＦＡＸを会見前に目にする機会は得られませんでした。

私は感情を表に出さぬように気持ちを落ち着かせようとしましたが、夫が説明するその内容のひとつひとつがあまりにも心ない言葉で、自分の人生を侮辱されているようにしか思えず、涙が流れ落ちました。悲しみに怒りが混じった感情だったように思います。

何とか涙を抑え、記者からの質問に淡々と答え終わったあと、司会の方が「次の質問にしましょうか」とこちらを確認しました。

そこで私は、「ちょっと喋《しゃべ》らせてください」と言って、ＦＡＸの内容に対し反論を始めました。

私が伝えたかったのは、こんなに人を傷つける団体は、やはり存在してはいけないということです。そして、いまの私は嘘を言うような病気ではないということでした。私の病気を一番そばで見てきて、私を支えてきたのは夫であり、彼らではありません。

そもそも彼らは私が苦しんできた精神的な症状を病気ではなく、「悪霊」や「先祖」のせいだと言って、お祓《はら》いや高額な費用がかかる供養を推奨してきました。根本的な原因と何も向き合ってこなかったのに、なぜここで精神疾患を都合よく持ち出してくるのでしょうか。私を黙らせるためなら、やり方は何でもいいのかと思いました。

教会が指摘した解離性同一性障害という病気は、私がこの問題を発信し始めてからできた仲間に症状を相談した際に教えられ、自分もきっとそうだったのだろうと理解してＴｗｉｔｔｅｒのプロフィール欄にそう書いていた時期がありました。しかし、正式に病院で診断されたものではなかったため、会見では病名は伏せ、教会に利用された後にそれは削除しました。人格が解離してしまう症状は、韓国の清《チョ》平《ン》で行なわれた統一教会の修練会のときにしか出ておらず、２０１４年9月末頃が最後でした。また、私は自分がおかしくなっているときも記憶と意識はあったので、もしかするとまったく違う病名だった可能性もあります。

また、その後に始まったパニック発作など他の症状も、夫の支えもありここ数年出ていませんでした。

私がどのようにおかしくなっていたのか、記憶がどうなっていたか、その状況を見てもいない、医師でもない両親や教会の弁護士が、なぜ私の病気のことを知っているかのように話せるのか疑問でした。

夫には、私のありのままの思いをぶつけてきました。精神状態が不安定なパートナーを支えるのは、計り知れないほど過酷だったと思います。普通なら、こんな私とは結婚したいと思わないでしょう。外に出かけては気分が悪くなり、夜には時折パニックが始まり不安と涙が止まらなくなりました。長時間の話し合いをしても、結局また「死にたい」と言って泣き続ける私を、夫は一度も見捨てず、大丈夫と言って背中をさすって、何度でも話を聞いてくれました。

そんなこれまでの私たちの苦労も知らずに、被害を受けたと声をあげる人の言葉を封じようとするような団体が、宗教団体として認められていいのでしょうか。

私は、最後にこう言って、会見を終えました。

「私が正しいと思ってくださるなら、どうかこの団体を解散させてください」

私は統一教会の合同結婚式で結婚した両親の間に生まれた子どもであり、生まれながらにして統一教会信者として育てられました。私の父は教会長を務めていたこともあり、母も熱心な信者です。何も疑うことなく両親や教会を信じ、教会が自分のアイデンティティーであったときもあります。

しかし、幼い頃から外の世界を「サタン世界」だと教えられ、婚前の性交渉をすると地獄に落ちるという恐怖を植えつけられて育った私は、徐々に統一教会の教義に疑問を持つようになりました。

その後、教会を脱会して、夫と結婚し、記者会見のときは生後間もない赤ちゃんを育てるひとりの母親でした。

会見の3ヶ月前、安倍晋三元首相が撃たれ、亡くなるという痛ましい事件が起きました。事件を起こした山上徹也《やまがみてつや》被告が「特定の宗教団体に恨みを持っていた」と語っていると知り、私は「小川さゆり」になりました。自分の宗教2世としての経験を「小川さゆり」という仮名で、しかし顔を出して発信するようになりました。

宗教2世問題を、自分の子どもたちの世代にまで受け継いではいけない。その思いから、私はこの問題に対して自分に何かできることはないか、と模索してきました。

統一教会の2世問題は、子どもの人権に関わる問題です。また統一教会の活動は世界に展開しており、海外に向けて情報を発信することで国際社会の助けを得て、この国が責任を重く受け止め、けじめをつけて変わってほしいと願い、この会見に臨みました。

日本はオウム真理教の事件から学ばず、変わることができなかった。だから他のカルト団体が30年以上も残ってしまったのだと思います。いま変えなかったら、これからも日本は変わらないかもしれない。この怠慢な状態を海外に発信し、助けてほしいと訴えるのが会見の目的でした。

統一教会側が中止を要求してきたため、結果的に会見は大きな注目を集めました。そして宗教による被害が社会問題として認識され、12月には異例のスピードで統一教会問題を受けた被害者救済法が成立することになります。

家族の生活の中心だった統一教会を私はどうして信じるようになり、そしてなぜ脱会しようと思ったのか。与えられた家族の価値観からどのように脱し、新たな家族を築く道を選んだのか。

この本のなかでこれから書いていくのは、私がなぜ、自分の顔を出して2世問題に取り組むに至ったかの半生です。

第1章　私は「神の子」

温かかった母の背中

私は「神の子」としてこの世に生を受けました。

統一教会の信者同士が合同結婚式などで結ばれて生まれた子どもは祝福2世と呼ばれ、教会内でも特別な存在として扱われていました。

物心がついた頃から、母から純潔だけは守らなければならないと強く教え込まれました。私のような祝福2世は、生まれながらにして原罪のない神の子だから、血を汚してはいけないというのです。

『小学生のための原理講義』という教本には、淫乱《いんらん》の罪は「最大の罪」「死んでも消えない、大変な罪」と書かれていました。人間が寿命以外で死ぬ場合は、男女の愛の問題が関わっていることが多いと説明されています。そして、派手に着飾り、胸元の開いた服を着ている女の子のイラストが載っていて、そういう人は「サタンに利用されてしまう」というのです。

だけど、私はいつも好きな人がいました。

幼い頃の私は引っ込み思案で、人から「おとなしいね」「ぜんぜん喋らないね」と言われていました。だから、男の子から意地悪をされることも多かった。

そんな私に少しでも優しくしてくれる、仲良く遊んでくれる相手のことを、すぐに好きになってしまうところがありました。保育園のときの初恋は、積み木でお城を作ったり、ドミノ遊びを私といつも一緒にしてくれる男の子でした。

幼いながらに友達がバレンタインのチョコレートを渡しているとき、私も好きな子にあげたかったけれど、それは叶《かな》いませんでした。チョコレートの作り方もわからないし、材料を買うお金も持っていません。もちろん母が「一緒に作ろう」と教えてくれることもありませんでした。チョコレートを男の子に渡すことは、統一教会の教えとしては好ましいことではなかったからです。

ただ、そんなふうに人を好きになることについての障壁があっても、不思議なことに「将来好きな人と結婚できない」と考えたことはありませんでした。

当時の私はこう信じていました。

結婚する人は神様が準備してくれているんだ。お母さんもそう言っている。その人がいまこの世界のどこかで生きているのだと思うと、胸が高鳴ったものです。神様が選んでくれた人ならきっとうまくいく。必ず幸せになる……。

両親のように合同結婚式での結婚は、私の憧《あこが》れでした。

父と母は、1988年10月に韓国のメッコール（韓国の統一教会系企業・一和《イルファ》が製造する炭酸飲料）工場で行なわれた合同結婚式で、教祖である文鮮明にマッチングされる形で結婚しました。

母には統一教会に入信していたきょうだいがいて、その影響を受け教義に感動して信者になったと聞いています。

父が統一教会に入ったのは大学在学中で、原理研究会（CARP。統一教会系の学生サークル）の勧誘を受けたようです。入信する際は家族から反対されたと言っていました。

私がまだ保育園に行っていた頃、父はアメリカにある統一教会系の統一神学校

（ＵＴＳ）に留学していました。留学を終えたあと、アカデミックガウンと帽子をかぶって、卒業証書の入った筒を持っている父の写真が家にありました。

父は無口な人でしたが、いつも母は「お父さんは頭も良くて、すごい人なんだよ」と父を立てていました。それを聞いて私も子どもながらに、「ああ、お父さんはすごい人なんだな」と素直に尊敬していました。娘の私にとって、ふたりはとても仲の良い夫婦に見えました。

私は母が大好きでした。

保育園のお迎えでも母の顔が見えると、「ああ、お母さんが来た！」といつも笑顔になっていました。帰り道、手をつないで歩く時間が幸せでした。母は冬の寒い日には両手で私のかじかんだ手を包むようにして、温めてくれました。

家にいるときも、母はときどき私をおんぶして二階の寝室に連れて行ってくれることがありました。階段が暗くて怖いので、「一緒に来てよう」と甘える私を背負ってくれるのです。

母の背中はふっくらとして温かく、私は幸せを感じていました。幼い頃の私の記憶にある母は、そんなふうにいつも優しい人でした。

当時、私たち家族は、父と母、ふたりの兄と私と妹、母方の祖母と7人で暮らしていました。

ふたりの兄はヤンチャなタイプで、しょっちゅうきょうだいげんかをしていました。だんだんエスカレートして相手を蹴とばすようなけんかをしていると、母が私たちきょうだいを叱りました。

「そんな野蛮なことをしちゃダメ。あなたたちは神の子なんだよ？　サタンの子じゃないでしょう？」

我が家はきょうだいも多いし、母親として手が回らないときも多かったはずです。それでも母はいつも優しくて、自尊心を傷つけられるようなことを言われることはありませんでした。

だから、小学生になっても、早く母に会いたくて、学校から走って家に帰っていました。

朝5時からの祈禱《きとう》会

とはいえ、家に帰ってもすぐに遊ぶことはできませんでした。

「まずは祈禱室に行きなさい――」

帰宅すると、母は必ずそう言いました。お祈りができるようになった保育園の頃から、帰宅後に祈禱室でお祈りすることが決まりでした。

統一教会の信者の家には、たいていこの「祈禱室」があります。私の家の場合、一階の八畳ほどの部屋の机に白い布がかけられていて、ロウソクとマッチ、それから、教祖である文鮮明の写真が置かれていました。

学校から帰ってきた私は、正直、「めんどうくさいな」という気持ちもありました。でも、その気持ちは胸にしまったまま、韓国式の深いお辞儀である敬拝をして、「無事に帰ってこられました」「守っていただきありがとうございます」と言うわけです。

朝も、起きるとまずは祈禱室に行かねばなりません。

「ご父母様にちゃんとご挨拶をしなさい」

母はそう言うと、

「天のご父母様、真《まこと》のお父様、おはようございます」

と、挨拶をします。私もそれに続いて、こう言います。

「はい。今日も一日、よろしくお願いします」

そうして祈禱室を出て、朝ごはんを食べるのが私の日常でした。

お祈りは一日に何回もあり、食事を摂る前や寝る前にも行ないます。

また、月に数回、両親ときょうだい全員で祈禱会をします。祈禱会のある日は朝5時頃に起き、祈禱室に集まります。

起き抜けのまだ喉がカラカラなまま、高い音で聖歌を歌うと、

「天暦○年○月○日、朝の祈禱会を始めます。天地人、真のご父母様の前に敬礼《キョンベー》」

と、父が言い敬拝をします。

幼い頃、いつも大変だったのは、その後に始まる「家庭盟誓《カジョンメンセ》」の唱和でした。

簡単にいえば家族の誓いのようなもので、韓国語で1番から8番までのお経のようなものを立ちっぱなしで唱えるのです。

家庭盟誓の8番には「絶対信仰、絶対愛、絶対服従」という言葉が出てきます。

「天一国主人、私たちの家庭は、真の愛を中心として、天一国時代を迎え、絶対信仰、絶対愛、絶対服従によって、神人愛一体理想を成し、地上天国と天上天国の解放圏と釈放圏を完成することをお誓い致します」

それを唱え終わると家族で円になって手をつなぎ、父が祈ります。祈り終わったら、父がホーリーフードと呼ばれるお菓子を手で割り、家族にひとつずつ分け与えていきます。父はまず母の頬にキスをして口にお菓子を入れます。次に長男、次に次男――と一人ずつ同じように繰り返し、私も正座をして父の手からお菓子を口に入れてもらいました。

その次は訓読です。

例えば『御旨の道』といった題名の教本を開き、学校の国語の授業のときのように、段落ごとに親子で読んでいきます。その内容を父が「お父様はこういう意味のことを語っている」と最後に解説していくのです。

祈禱会はこの訓読の後、文鮮明とその妻である総裁の韓鶴子《ハンハクチャ》の写真に向かって小さく声を出してお祈りをすると、ようやく終わります。子どもの頃、私にはこの時間が相当長く感じられたものです。

母は夜になると、祈禱室の写真の前に正座をして、一人でずっと本を訓読していました。声を出して熱心に本を読む母の周りを、幼い頃の私はいつもうろうろしていました。私は母と一緒にいたかったから、後ろからおぶさったり、膝枕《ひざまくら》をしてもらったり——。

「お母さん、まだ？」

と、何度も聞く私に母は言いました。

「ちょっと待ってね。いま、お父様の語られた、み言《ことば》を読んでいるんだよ。これはとても大事なことなの。これを読んでいたら、私たちの家の霊界もよくなっていくんだからね」

私は大好きなお母さんの言葉を、「そうなんだ」といつも信じていました。

日曜になると教会に行って礼拝に参加します。午前10時からお昼くらいまでの時間で、聖書の話や文鮮明の書いた『原理講論』についての講義を受け、それからお昼ご飯を食べます。教会の食堂室で出てくるメニューは、決まって婦人の方が作るカレーでした。

教会では子どもと大人が礼拝を受ける場所は別々になっていました。毎週日曜日が潰れるのは嫌だったけれど、友達ができてからは楽しい居場所のひとつになったように思います。

学校ではいつもどこか違和感がありましたが、教会の友達とはすぐに打ち解けることができました。

私が自分の家に小さな違和感を抱いたのは、小学校1年生の頃だったと思います。学校の友達を家に呼んだとき、祈禱室の文鮮明夫妻の写真を見た友達に、「この写真は何？」と聞かれたことがありました。なぜだか私にはそれを説明することが恥ずかしいように思えました。友達の家にはそんな部屋や写真はないからです。

友達が「あれはおじいちゃんとおばあちゃん?」と聞くので、「うん、そう」とごまかしたり、嘘をつくのが苦手だった私は「その部屋には入っちゃダメ!」「絶対にそこは見ないで」と言ったりしていました。

普段は「そうすべきだ」と当たり前に思っているお祈りが、誰かが家に来ると何だか変なことのような気がする。

いまから思えば、それが私の最初に覚えた違和感だったのでしょう。

家には祈禱室の他にも、教会に関わるものがいくつかありました。

ひとつは、高麗人参茶《こうらいにんじん》。何にでも効く飲み物として、家に置いてありました。どろっとした液体をお湯で薄めて飲むのですが、とても苦い。暑い夏の日に、コーラのペットボトルに入っていた高麗人参を間違えて一気飲みしてしまったときは、思わず吐き出してしまいました。母はこの高麗人参茶を「とても高いんだよ」と言っていました。

他にも、5~10個くらいの石が入った布の袋があり、父は「パワーを持った石なんだよ」と言っていました。その袋も腹痛を治すと言われていたので、私はお腹が痛くなると、そのひんやりした袋をお腹に当てていました。

トイレや私の部屋の中、家のいたるところに、ガラスの器にピンクの石が置かれていました。それは風水に関わる石で、いま考えると母は勧誘のときに使うために風水を勉強して、そういったものを家にも置いていたんだと思います。

一方で、家には祈禱室とは別に仏壇が置いてある部屋もありました。

私たちの暮らす家は、母方の祖母が建てたものでした。同居していた祖母は、統一教会の信者ではなく、仏壇のある部屋で毎日お経を唱えていました。

若い頃に裁縫《さいほう》の先生をしていた祖母は、大人になってから統一教会ではない別の新興宗教に入信したと聞きました。

私がまだ幼かった頃は、祖母に連れられて近所の公園へ行き、その宗教の信者のおば様たちとゴミ拾いをしたり、ピクニックをしたりしました。飴《あめ》をくれたり、手をつないでくれたり、笑みを浮かべながら私の話を聞いてくれたことを覚えています。

そんな祖母を、父と母は統一教会に勧誘しようとして、断わられたそうです。

おさがりのランドセル

学校での私は家や教会で祝福された「神の子」ではなく、むしろ自分はみんなよりも劣っているように思っていました。

私の家は他の家庭より貧しいのだと感じていました。

まず保育園や学校に必要なものを、みんなと同じように買ってもらえないことが惨《みじ》めでした。

私が3歳頃から通っていた保育園では、運動会で着る緑色の体操服を、私だけが買ってもらえず、白いTシャツと水色のズボンを穿《は》いていました。

「運動会のときだけしか着ないのに高い」

両親はそう言って、体操服を買ってくれませんでした。

運動会当日、整列しているときに、友達が寄ってきてこう言いました。

「なんでさゆりちゃんだけ体操服じゃないの？」

そうすると、保育園で一番最初に友達になってくれた子が、

「別にいいじゃん」

と私を庇《かば》ってくれました。

私は友達に聞かれて恥ずかしくて怖かったこと、同学年の友達に庇ってもらった嬉しさと悲しさ、お金の問題という自分ではどうにもならないことを指摘されたような思い、それに自分の両親までもが否定されたように感じ、いろいろな感情が溢れて、泣き出してしまいました。

ランドセルも買ってもらえず、きょうだい全員が親戚からもらったおさがりでした。それでも、入学が近づいて赤いランドセルが段ボールに入って届いたときは嬉しくて、私は家にあった絵本やはさみ、のり、鉛筆を詰め込んで、家のなかをスキップしていました。

「お母さん見て見て」

ランドセル姿を母に見てもらいたくて、何度も見せに行きました。母は「良かったね」と笑いかけてくれました。

母が「さゆりちゃん」と私を呼ぶ声はいつも穏やかで、私は母のその少し高くきれいな声が好きでした。何をしていても「すごいね」とたくさん言ってくれる母を私は愛していました。


母はいつも髪をショートカットにしていて、ファッションにはまったく興味のない人でした。子どもたちの洋服にかけるお金も関心もなく、私たちはいつもおさがりの服を着ていました。

小学校のときはパジャマのような全身ピンク色の服で学校に行っていた時期もありました。それを見た同級生の男の子に、「マジレンジャーのピンクみたい」と言われ、とても恥ずかしかったことを覚えています。

私が初めて自分の服を買ってもらったのは、小学校4年生の冬のことだったと思います。古くて薄暗い店の床はコンクリートがむき出しで、ところどころに雨水が溜まっていました。

服が無造作に放り込まれた段ボールの側面に、値段が書かれていました。

私は薄いピンク色の生地に、丸いボンボンが胸元に二つ付いているブラウスと、水色の手袋も買ってもらいました。買ったばかりの新品の水色の手袋は、つやつやしていて触り心地がよく、見た目もかわいらしくてひと目で気に入りました。

しかし安物なので、生地が薄く、真冬には指先が冷たくなりました。また、ブラウスも、洗濯をするとすぐに毛玉ができて、着ているうちに毛玉の部分が黒ずんでしまいました。それでも、初めて買ってもらった服が嬉しくて、手袋もブラウスも、毛玉が真っ黒になるまで使っていました。

それ以来、少しずつ服を買ってもらえるようになりました。店は黄色い壁に、「安売り宣言！」と緑色の文字で書かれていました。

そこで服を買ってもらう際も、数百円～１０００円くらいまでの、なるべく安いものにしなさいと言われていたので、母が困らぬよう、できるだけ安い服を選んでいました。１５００円を超えると、「高すぎるからだめ」と買ってもらえなかったり、「とにかく安い服だけにして」と道中の車や店に着いたときにも釘を刺すように言われたりしました。

母は、自分は服に関心がなくてよくわからないからと、いつも隣にあるスーパーへ行って買い物したり、車で待っていたりしました。私は、母娘が一緒に「これかわいいね」「あなたにとても似合うよ」と楽しそうに服を見ている人たちを目にすると、羨《うらや》ましく思っていました。一度でいいから、お金を気にせず母と一緒におしゃれな店で服を買えたら、母に「これが似合うよ」と言って服を選んでもらえたら、と思ってしまう気持ちを堪《こら》えて、胸の奥に隠していました。

両親が関心を持たないのは、服だけではなく、髪型もでした。

私は幼い頃から髪を伸ばすことを許されず、おかっぱ頭で、さらに襟足《えりあし》はバリカンで刈り上げられていました。サザエさんの「ワカメちゃん」のような昭和風な感じです。

私は髪を伸ばして三つ編みにしたりしたかったけれど、いつも父に「お前にはこ

小学生の頃の筆者。髪は父に切ってもらっていた

れが一番似合うんだ」とざっくりと切られてしまうのです。それが嫌で仕方がなく、父に髪を切られるとき、私は「あんまり短くしないで」と頼んでいました。それでもいつも刈り上げられてしまい、終わった後は「あぁ、今回も短くされちゃった。髪を伸ばせなかった」と悲しい気持ちになっていました。

学校では、髪型について同級生や上級生からもからかわれたりしました。

「髪にもっと切れ目入れたりと

かしないの？　昭和っぽいよ」

そう言われることが恥ずかしくてしようがありませんでした。

小学校の同級生のお母さんが美容師をやっていて、その美容室へは学校の友達もカットに行っており、「私も切ってもらいたい」と母に頼みました。しかし、答えは「お父さんがいつも上手に切ってくれるでしょう」で、行かせてもらえませんでした。きょうだいも美容室に憧れていましたが、「高い、お金がないからダメ」と取り合ってもらえませんでした。

小学校5年生になると、私は自分で髪の切り方を覚えました。父に切られたくないので自分の髪は自分でカットし、中学生になると、きょうだいの髪も頼まれて私が切っていました。

我が家では毎月のお小遣いというものがなく、必要なものがあるときに母に言って、学校や生活に必要で安いものならば、母の許しがあれば買うことができました。それでも、「今月は本当に厳しいから出せない」と言われることも多々ありました。

お小遣いが欲しいということは、私もきょうだいも何度も母にお願いをしてきましたが、「うちはお金がないからお小遣い制はだめ。無駄なものを買うから。必要なものがあったらお母さんに確認して」と言われていました。漫画や雑誌、ゲームなどは「必要ない」と言われ、滅多《めった》に買ってもらえませんでした。

そんな我が家にも『週刊少年ジャンプ』や漫画本がいくつかありました。ゴミ置き場から兄が拾ってきたのです。昔から家にある何度も読み込んできた漫画と違って、新しい漫画が来たときは食らいつくように読みました。少年誌なので恋愛や性的な描写なども含まれるのですが、親に見つからないところで隠れて読みました。

そんな状況でも、家では「神の子」と教えられ、サタンである他の子たちとは違うと言われていました。

私が小学生の頃に、父は地域の教会長になり、それから中学校頃まで担当する教会を異動しながら教会長を続けていました。

小学校中学年から高学年までの間、父が少し離れた場所にある別の教会の教会長となり、家族でその教会に通うために県内で引っ越しました。教会長はその教会の一番上の立場の人で、引っ越し先の教会での礼拝のとき、父が信者たちの前で礼拝を取り仕切っている姿をよく見ていました。

教会の階段を上った奥の部屋に、教会長としての父の仕事机がありました。その机で父はパソコンを触って仕事をしていました。

いつも礼拝が終わると、しばらく父が教会に残って仕事をしているので、私はよくその隣に座って、キーボードを打つ父の手の動きを見ていました。父が席を離れるとその椅子に座って、キーボードをぐちゃぐちゃと触って父になりきる遊びをしていました。

それまで通っていた小学校は私服でしたが、引っ越し先の学校には制服がありました。

ところが両親は、私たちを私服のまま通わせていました。

「あの転校生、私服なんだ……」

という視線を私はいつも気にしていました。

転校からしばらくして、私たちきょうだいは母と一緒に校長室へ行きました。母が「うちはお金がなくて制服が買えないんです」と相談していて、校長先生がおさがりの制服を用意してくれたのです。卒業生が着ていた制服で、サイズを合うものを一緒に探してくれました。私とふたりの兄は以来、その制服を着て学校に行くようになりました。

引っ越した家は借家でしたが、そこでも両親はすぐに祈禱室を作りました。

私は引っ込み思案で、自分に自信がない子どもでした。服装や髪型がみんなと違うことをいつも気にしていました。

ですが転校先の学校は「お笑い係」があるくらいみんなお笑いが好きで、明るい雰囲気でした。私も「お笑い係」に入って、みんなの前で積極的にボケを披露するようになりました。

友達もたくさんでき、楽しかった転校先の学校でしたが、数年後にまた父の教会の仕事の関係で元の小学校に戻らなくてはならなくなってしまいました。

元の小学校に戻るのは、憂鬱でした。転校する前、その小学校の登下校で、私は仲間外れにされていたからです。

それぞれの区域で集団登校をするのですが、入学から程なくして、一緒に登校していた高学年の先輩から、「さゆりちゃん、ひとりで行って」とか「さゆりちゃん、お兄ちゃんたちと一緒に行って」と言われるようになりました。

その理由は教えてもらえませんでしたが、兄のことを高学年の先輩が「臭い」「あのきょうだい貧乏」「キモイ」と言って笑っているのを目撃したことがありました。

それを目にしたとき、私たちきょうだいは他人の目にそんなふうに映っているんだなと、自分のことを否定されたような悲しい気持ちになりました。心が黒いモヤモヤで覆われて、体が重くなり、手が冷たくなって動かなくなるような恐怖と孤独を感じました。

通学路は野生の猿が出るような寂しい場所で、ひとりで歩いているととても怖かった。でも、きょうだいの間でも自分が仲間外れにされているという話は、一切しませんでした。その話はタブーだという空気があり、自分自身もいじめられていることを認めたくなくて、気づかないふりをするように生きていたのだと思います。

転校先は楽しかったのに、また元の学校に戻らなくてはいけないと知ったときに、この出来事を思い出して、とても悲しくなりました。

元の小学校に戻った最初だけは、みんなと一緒に集団登下校できていたのですが、またたんだんと仲間外れにされるようになりました。

そんな小学校6年生の夏頃、担任の先生が私がひとりで帰っていることに気づいて、話を聞いてくれました。

先生から、私の本当の気持ちを聞かせてほしいと言われ、私は声を振り絞って、「寂しかった」と小さく答え、嗚咽《おえつ》しました。

私は1年生の頃から6年間、そのことを人に相談したり、泣いたことがなく、いじめられているという事実にさえ目を向けず、なんとなく嫌だなという気持ちでとどめていました。ずっと抑えていた感情に気づいたせいか、泣きやんだ後も、横隔《おうかく》膜《まく》の痙攣《けいれん》が2時間ほど続いていました。

私の通っていた小学校の卒業アルバムは、我が家にとっては高価なものでした。上の兄ふたりが卒業アルバムを買ってもらえなかったことは母から聞いており、私のときも母は学校に「うちはお金がないので卒業アルバムを買えません」と連絡していたそうです。

卒業の日が近づくと、母に家でこんなことを言われました。

「いま、先生たちが職員室で、さゆりちゃんがどうしたら卒業アルバムを買ってもらえないことをみんなに悟られないようにできるかを話し合ってくれてるみたい」

母は先生たちについて、「すごくいい先生たちだね」「堕落世界にもいい人たちはいるからね。そういう先生たちに本当は神様のことを教えてあげないといけないいんだよね」と言っていました。

私は、そんなにも自分のことを考えてくれる先生たちの思いをありがたく受け止めるべきだったのですが、心はずっと黒い霧で覆われて、モヤモヤとした気持ちになっていました。とにかくそんな配慮をされる自分が恥ずかしくて、その話を聞きたくないという思いでした。

卒業式当日は、教室で卒業アルバムを配るのではなく、職員室へひとりずつ卒業アルバムを取りに行く形になりました。私も職員室へ呼ばれましたが、自分はアルバムを買っていないのに行ってもいいものなのか、不安な気持ちでいっぱいでした。

しかし、先生たちは紙に印刷した手作りのアルバムを私に渡してくれました。私はそのアルバム代わりのものを受け取ったとき、心の底から嬉しいと思うことができませんでした。そこまで先生たちにさせてしまったことが、とても申し訳なく、恥ずかしかったのです。

そんなように、いつも私は本心では自分に自信がなく、友達とも経済的な面で対等な関係ではないような気持ちがしていました。だから、「神の子」とどれだけ言われても、神の子としての自分を堂々と誇れるような気持ちになったことはありませんでした。

ですが、私は両親を愛していたので、両親の言うことに不信感を抱くことはありませんでした。

養子にいった3人の妹

「神の子」はたくさん産まなければならなかったのでしょうか。

母が下の妹を妊娠したのは、私が4歳の頃でした。「あなたのきょうだいだよ」と聞いたときは嬉しくて、とてもわくわくしていたのですが、あるとき、母はこう言ったのです。

「この子は養子に出すんだよ」

統一教会では子どもを授からなかった信者夫婦が、子どものいる別の信者の子と養子縁組することを「美しい伝統」と呼び、長らく推奨されてきたそうです。1981年以降に745人が養子縁組されたと聞きます。国からの質問書に対して、教会は「いずれも信者間の個人的な関係をもとにした養子縁組について報告を受けたもので、あっせんは行っておらず、法的な許可も取っていない」と回答したと報じられています。

でも、まだ幼児だった当時の私にそのことが理解できるわけがありません。どうして妊娠中に養子に出すことが決まっていたのかという疑問を持つことなく、そういうものなんだと思うばかりでした。

たしか母が臨月を迎える頃になると、里親となる養母さんが私たちの家に泊まり込みにきました。養母さんは母の世話をしたり、私たちきょうだいと遊んでくれたりして、子どもが生まれるのを待っていました。彼女は妹が生まれた後も、しばらく我が家に泊まっていました。

母は養母さんにとても親切でした。すでに３人の子育てを経験しているので、お風呂の入れ方を教えてあげたり、赤ちゃんの世話のやり方を丁寧に伝えていました。

妹が生まれたばかりのとき、私は嬉しくて２階のベッドで寝ている彼女を何度も見に行きました。「わあ、ちっちゃいな、かわいいな」と思い、母にお願いして抱っこをさせてもらいました。

赤ちゃんは本当にかわいい存在でした。「一緒に住めたら嬉しいけれど、それはできないんだな」と思うと悲しい気分にもなりました。

それから何日かが経って、妹はあっけなく「さようなら」という感じで連れていかれました。

妹を引き取った養母さんは40代くらいで、母よりも年上のように見えました。何らかの事情で子どもを授かれなかった人だったのだろうと思います。

妹が私の家に帰ってきたのは、生後8ヶ月後くらいの頃でした。妹は、薄いピンクの服を着ていて、赤ちゃんなのに首元の髪がふわっと長かった。いつも父親に髪の毛を真横に短く切られていた私は、そのふんわりとした長めの髪の毛を見て「いいなあ」と思いました。

「今日から一緒に住むんだよ。戻ってきたんだよ」

母からそう聞いたときは、本当に嬉しかったです。養子先の家の事情で、我が家に戻ってくることになったとのことでした。

2階の部屋で妹がハイハイしていて、母やきょうだいが笑顔でそれを見つめている光景は「幸せ」そのものでした。

母はそれからも、２００１年とその翌年に女の子を産みます。そのたびにそれぞれ異なる養母さんが家に来て、同じやり取りが繰り返されました。

いちばん下の妹の養母さんは特に優しかったのを覚えています。

泊まり込みしてくれていたときも、いっぱい遊んでくれました。彼女の髪の毛を私が何度も不器用に結んだりしても彼女は怒らず、私の髪を優しく丁寧に結んでくれるのでした。生まれる前後の泊まり込みの時期は、母以上にずうっと私のそばにいてくれました。２週間以上は滞在していたのではないかと思います。

そして、また妹たちは養子としてどこかに行ってしまいました。

結局、母は43歳になるまで６人の子どもを産みました。

統一教会では、教義上の何らかの条件を満たすために、当時は30歳頃まで子どもをつくってはいけない期間があったと両親から聞きました。

母は、14人の子どもを産んだ「お母様（韓鶴子総裁）の似姿となるべきなのに、私は6人までしか産めなかった」と言っていました。統一教会が説く人生の目的のひとつには、「神の子」を産んで家庭を完成させる、「子女繁殖」という教えがあります。

いまになって思えば、母は養子に出すことを念頭に子どもを産んでいたとしか私には思えません。

当時の母についてはっきり覚えているのは、妹を養子に出してもういなくなってからも、母が赤ちゃんのベッドが置かれていた部屋でお乳を搾り続けていた場面です。もうその部屋には赤ちゃんはいない。その部屋の床にしゃがんで、ひとりで長い管のついた手動の搾乳機《さくにゅうき》を使って母乳を搾っていました。母乳が止まらずに、胸が張ったからなのでしょう。母は悲しむような言葉や姿を私たちに見せたことは一度もありませんでした。

小学生の私は自分の胸に搾乳機を当てて搾ってみましたが、何も出ないんだと気づきました。

母のその姿はいまも忘れられません。

養子縁組された妹たちの消息は、私にはほとんどわかっていません。ひとりは200キロ離れた場所、もうひとりは800キロも離れた家族のもとで暮らしていると聞きました。

2番めの妹には一度だけ会ったことがあります。それは私が20歳のときのことでした。彼女が暮らす県に、私が車の免許を合宿で取りに行くことになりました。両親が「それなら妹がいるから会ったほうがいい」と言うので、妹とその養父母とファミリーレストランで会いました。彼女は中学生になっていて、養父さんに「もー、違うよ」と年頃の女の子らしく照れて笑うその姿から、普段から親子仲のいいことがよく伝わってきました。

仕事は何をしているかとか、進路はどうするかなど、たわいもない話をしたと思います。

ちょっとシャイで控えめだけど、優しくて素直な感じのする女の子で、ひとりっ子として大切に愛されて育ったんだろうな、と私は思いました。

統一教会を脱会した私がメディアに出て、2世信者の問題を社会に訴えかけているのを見て、彼女はどんな思いを抱いているだろう、と最近は思っています。

両親と仲が良いと話していた彼女は、統一教会の熱心な信者になっていて、いまの私を見て複雑な思いを抱えているのかもしれません。

第2章　思春期と教会

部活と修練会

文鮮明の教義である『原理講論』のなかに、「堕落論」というものがあります。統一教会の教義は基本的に「聖書」を独自に解釈しているものだと聞きました。『原理講論』の「堕落論」は、聖書にある「堕落論」と筋書きはおおよそ同じで、有名なアダムとエバの話が出てきます。

人類の子孫であるアダムとエバが堕落し「原罪」を負ってしまったから、地上の世の中はサタン世界になってしまった。そんななか、イエスさまが果たせなかった使命を完遂するために誕生したのがメシア（救世主）である文鮮明であり、悲しみの溢れるサタン世界を終わらせて、地上に天国を作るのだと、文鮮明は言います。

だからこそ文鮮明の祝福により、「原罪」なく祝福2世として生まれた子どもたちは、その血を決して汚してはならない。それが決められた信者との結婚、さらには婚前の性交渉を認めないという考え方につながっているわけです。

私は幼い頃から、この教義を繰り返し繰り返し、厳しく教えられてきました。中学生になって以来、私はこの教義と恋愛をしたいという気持ちの間を行ったり来たりしていました。

中学ではクラスメートもみな思春期や反抗期を迎え、どこかとげとげとした雰囲気がありました。

私は小学校6年生の夏頃から、地域のミニバスケットボールクラブに入っていて、その延長で中学校でもバスケットボール部に入りました。毎日、家の外の道路や庭でバスケットをしていて、実力もないのに「将来はバスケの選手になりたい」と思っていたくらいでした。

部活では、厳しい先輩後輩の関係がありました。苦労したのは、そうして部活動に熱中しようとしても、統一教会の活動のために、部活を休まなければならないことでした。

定期的に参加しなければならないのが統一教会の「修練会」です。

中学1年生になった頃、奈良県で地区合同のセミナーがありました。中学1年生から高校3年生までが集まるもので、途中で鹿を見たりしながらみんなで自然のなかを一緒に歩きました。

歩いている途中、「そーれ」と合いの手を入れたりしながら、「真《まこと》のご父母様と一体になろう」と歌をうたったりもします。着ていく服は自由でしたが、教区ごとに作られ配られるお揃《そろ》いのTシャツをみんなで着たりしました。

道で誰かとすれ違うときは笑顔で挨拶をするように言われていました。だから、傍《はた》から見たら「すごくいい子たち」に見えたと思います。

中高生には小学生とは比べ物にならないくらい教会の活動が組まれていました。修練会には泊まり込みのトレーニングのようなものもあり、親や教会の人に言われ参加することになると、土日は部活を休まなければならないときもありました。

部活に入りたての中学1年生の部員が、頻繁に土日に休むわけにはいきません。でも、土日に部活を休む理由を正直に言えず、いつも母に「法事がありまして……」などと理由をつくって連絡をしてもらっていました。

その嘘もそのうち通用しなくなり、私は先輩から目を付けられて、「さぼらないで」と言われるようになりました。

私は部活の先輩から嫌われ、間違った噂《うわさ》を流されたり、練習に参加させてもらえなくなっていきました。途中から部活を優先して休まないようにしていましたが、先輩たちから目を付けられる状況は変わらず、部室で面白がって服を脱がされたり、ひどいあだ名で呼ばれたりするようになりました。先輩たちに鞄《かばん》の中身や携帯を勝手に見られたこともあります。シュートをするたびに隠れて「キモイ」と笑われるのも嫌でした。

でも、私は小学校のときと同じく、嫌な言葉を投げかけられて笑われても、みんなが楽しいなら自分が我慢すればいい、などと考えて、平気な顔をして笑っていました。何を言っても嫌がらないので、さらに先輩たちの行為がエスカレートしたところもあったかもしれません。

私は自分がいじめられていることを認めたくなかったのだと思います。

人から嫌われたくないという気持ちが強くて、相手が楽しそうにしていたら、自分は嫌でも楽しそうに笑っていなければならない、と考えていました。人の感情をそんなふうに先回りしてしまっていました。

部活を休むのは気まずかったけれど、どれだけ修練会が厳しくても、私は気づけば教会にいるほうが楽になっていました。

学校の人間関係はぎすぎすしているし、誰かが作った決まりにびくびくして、「次は誰がいじめられるんだろう」と萎縮していました。

一方で教会の人たちは誰もが「いい人」でした。中学1年生のときに初めて行った修練会では、不安そうな顔をしている私に、年上のお姉さんたちは下の名前で呼んで話しかけてくれたり、私の話に「そうなんだ〜」とちょっと大袈裟《おおげさ》なくらい反応をしてくれたりとみんな優しく、お互いを肯定しあう会話ができて、居心地がいいのです。

こういうふうに周りの人に気遣いができる優しい人に自分もなりたいと思い、彼らが優しいのは教義のおかげだと感じ、私自身の信仰も深まっていったのです。

ちなみに、大人になってから、私は母に部活でつらかったことを話したことがあります。

すると、母はとても深刻そうな顔をして、「本当、そうだったの……」と言った後、

「サタンに狙われるから、２世は大変なんだよね。ご子女（文鮮明の子どもたち）も大変な迫害を受けてきたから……」

と、続けました。

「神様に期待されてるからね、あなたは」

つまり、あのつらい体験も神様からの愛ゆえのこと。神様は期待している人にこそ試練を与えるのだと、母は私に伝えたわけです。

小さい頃からつらいことがあって母に相談すると、母は「みんな原理がわからないからね」「さゆりちゃんは神の子だから、神様が愛の試練を与えているんだね」とよく言いました。

母にとっては心からの言葉だったのだと思いますが、いま振り返って考えると、

その言葉は何の解決にもなりませんでした。私は母に、「私の大事な娘になんてことをするんですか」と怒ってほしかったんだと思います。

訓練で気を失う

私にとって中高生の修練会は、とても居心地の良い場所でもありました。怖い先輩もいないし、上下関係もなければ意地悪なクラスメートもいなかったからです。

それでも、修練会によっては厳しい時間もありました。

いまでもよく覚えているのは、それぞれの部屋での夜の点呼です。もちろん異性とかかわってはいけないので、女性同士だけで班を作って部屋に分かれます。

15人前後の中高生で班を作り、私はそのまとめ役を務めていました。大人の女性班長の指示を受け、私が代表して点呼を始めます。

「ただいまより第○班、現状報告を行ないます。総員○名、現在員○名、負傷者無し！」

そう言ってうしろに振り返り、「番号、始め！」と指示を出すと、他の班員が先頭から順に右を向いて番号を叫び始めます。最後の人が「〇番、番号終わり！」と言うと全員が同じタイミングで前を向きます。番号開始から前を向くまでを1、2秒で言わなければならず、途中で間違えたり首が揃っていなかったりすると、班員全員が腕立て伏せの姿勢のまま静止させられたりします。

なかなか息が合わずに何度もやり直しをするのですが、あの頃の私はその空気に飲まれてしまっていました。指示をする女性班長が目の前で壁を強く叩き、活を入れます。

「真のご父母様はもっとつらい道を歩まれているのに、支えるつもりがあるんですか。私たちがすべてを捧げてご家庭に侍《はべ》らないといけないでしょう」

いまから振り返れば異様な光景ですが、当時は素直に信じ、必死に大声で番号を叫びました。

別の修練会ではこんなこともありました。

部屋の後ろのほうにみんなの鞄を置く場所があったのですが、そこにギュッと乱雑に荷物が置かれていたときのことです。

「ここにもしご父母様が来られたら、こんな汚い荷物の山を見せられるのですか」

「見せられません！」と修練生が叫びます。

「見せられないのになんでしたかって聞いてんねん！」

怒鳴り声が部屋に響き、しばらく説教を受けると、私たちは腕立て伏せの体勢になるように言われました。

運動部にいた私ははじめのうちは耐えられたけれど、そうではない子もなかに多くいます。その体勢のまま十分くらい静止するように指示され、途中で崩れたら「まだやっている人を見ていなさい」と言われるのもつらかった。数十人の子どもたちほぼ全員が、すすり泣きをしたり嗚咽したりしていました。

よく聞くとその子は泣きながら、「ご父母様、ごめんなさい」と言っているのです。

途中で崩れ落ちて、立ったままその様子を見ている私も、思わず涙が出ました。

「ああ、自分は最後までできなかった。ご父母様のために気持ちが全然こもってなかったから途中で終わっちゃったんだ」

と、自分を責める気持ちが湧いてきたからでした。

「ご父母様を最後までお支えすると誓いますか」

「はい！」

割れんばかりの声で答え、腕立て伏せが終わりましたが、その後の説教の最中、貧血を起こしてしまったのか、私は倒れてしまったことがありました。気持ちが悪くなって意識がふっと遠のき、「ああ、吐きそう」と思った瞬間に、ばたんと床に崩れ落ちてしまったのです。

目覚めると隣の部屋に私は寝かされていました。スポーツ飲料をもらって、少し気持ちが落ち着くと、私は激しく泣きました。倒れてしまったこと、吐いてしまったこと、そして、何より腕立て伏せを最後までできなかったこと……。

私も含めて祝福２世たちは誰もが若く、「いい子にしなさい」と教育されてきたので、教会の教えに対してもあまりに純粋な人たちばかりでした。私たちにとってネットの情報はサタンが書いているものであり、教会を疑うことは端《はな》からあり得ませんでした。疑ってはいけない——と身体に刻み込まれているから、教義を本気で心から信じていたのです。

私はどんどん教会での活動に没頭するようになりました。

より優れた信者が集まるジュニアSTFという選抜プログラムがありました。年に2回、夏と冬に地区ごとに行なわれる選抜試験を突破した者だけが参加できるプログラムです。

私が初めて試験を受けたのは中学1年生の夏でした。

ジュニアSTFの試験は「原理試験」といわれていて、文鮮明が作った『原理講論』の理解度を問う穴埋め問題や筆記テスト、論述問題などが出題されます。真のご父母様の歴史についての試験を受けることで、教義を理解しているかどうかが判断されるわけです。

筆記試験だけではなく、さらに面接試験もありました。ドアをノックして大声で挨拶するところから始まり、４、５人の面接官の前で受験番号と教区と名前をやはり大声で言います。

「受験番号○○、○○教区の小川さゆりです。真のご父母様の代身となり、南北統一や地上天国創建を成し遂げるためにこの場に来ました」

その後、面接官の質問に答えていきます。

最終日に行なわれるのが「体力意志力テスト」です。中学生女子は13キロ、高校生男子は21キロだったと記憶していますが、とにかく走る。途中で泣きながら走っている子や、足を引きずりながら走っている子もいます。

タイムによってAからEまで判定がつくため、みんな必死でした。

学校の成績表を見せたり、教会用の日記をちゃんとつけているか、というチェックもありました。さらに、訓読と敬拝、お祈りを普段からしているかというチェックシートもあって、それらが総合的に判断されて合格か不合格が決まります。私は中学１年生からこの試験を受け続け、４回目にしてようやく受かりました。中学３年生の冬のことです。

ジュニアSTFに合格すると、選抜修練会である「グリーン修練会」に参加できます。兵庫県宝塚市にある修練所で行なわれる合宿で、選ばれた2世が集まり、厳しい修練や講義の他にも、みんなで手を上げて歌ったり、班ごとにゲームを競い合ったりして絆《きずな》を深めていきます。そこには2世信者のコミュニティーを強固にして、教会との結びつきを強めようという意図があったのだと私は思います。

その思いがさらに深まったのは、「切手回収」でした。2人一組のペアで団地や住宅地に行き、一軒ずつチャイムを鳴らして、

「私たちは恵まれない外国の子どもたちのために切手やはがきを回収しています」

と言って回るものです。

統一教会の言葉では「特別信仰的訓練」や「前線」と呼んでいたのですが、伝道活動の入り口になるトレーニングとされていました。

応じてくれる家はほとんどありませんでしたが、ごくまれに切手やはがきを渡してくれる人もいます。

何度も断わられるのはつらいですが、

「否定されることで神様の悲しみの感情を知りなさい」

とも言われていました。

喜んで切手回収をしなければならないと思っていたけれど、やっぱり知らない人にいきなり会うのは怖かったし、何を言われるかわからないという不安もありました。突然、訪ねて来られる相手も同じでしょう。

グリーン修練会の間、この切手回収を２、３日続けるのです。

夜には報告の時間がありました。

班の代表が１人、マイクを持って報告するのですが、こう言って泣いた子がいました。

「今日はぜんぜん駄目だったんですけど、最後の１軒でたくさんくれた人がいました。そのとき、神様に出会いました」

神体験をしました、神様がその人に出会わせてくれました、神様を感じました
――という言葉を聞きながら、私も胸を打たれていました。

年に一度、2世の中高生を中心に、劇やダンスなど出し物を披露する「中和文化祭」というイベントがあり、私は中学3年生の頃にグループでダンスを踊りました。大人の信者や2世の子どもなど500人くらいがそれを見ていたのですが、その日から急に私個人のファンがつきました。握手してくださいと言う人もいたし、私と話せなくて泣いている子もいました。お風呂に入っているときにも覗《のぞ》きに来たり、食堂にご飯を食べに移動しても追いかけてきたりという世界でした。

ファンのほとんどが女子で、みんな男の子との恋愛を禁止されていたため、そういう偶像を作りたかったのかもしれないとも思います。

学校では友達関係でうまくいかないことも多かったのですが、教会では自分の居場所を見つけられたように感じていました。

当時の私はダンスもそうですが、歌や音楽も大好きで、家の中でよくひとりで歌ったり踊ったりしていました。そういったひとりの時間は、何も考えずにいられて好きでした。

ただ一方で、恋愛についての歌を歌ったりしていると、母に「堕落していくような歌やね。この世のそういう歌はみんなサタンが作ってるんだよ。お母さんは聖歌と賛美歌を聴いてほしいね」と注意されることもあり、歌うのがうしろめたくなったこともありました。

私は、自分がどういう性格で、本当は何がしたいか、そういうことがいまだにわからずにいました。人に影響されやすくて、こっちの人が言ってることも正しいし、でもこの人の言ってることも正しそうだし、どれが本当なんだろうと迷ってしまうのです。

ですが、最後にはやっぱり教会の言うことが正しい、教会を信じていれば大丈夫だと思っていました。

私だけかと思っていましたが、実は2世信者の多くに共通するものだと、のちに聞きました。

「原理講義大会」で全国2位に

「中和文化祭」ではダンスなどのエンターテイメント部門とは別に、スピーチ部門と原理講義部門がありました。

スピーチは神様との出会いやそれを日々どう実践するかを語ったりするもので、私は高校1年生のときに地区で2位に入賞することができました。そして高校2年生のときも2位。なぜ1位を取れないのだろうと落ち込んでいました。

高校3年生になったとき、「今年はどうしようか、また1位にはなれないのか」と悩んでいました。それでも高校生最後の年でもあるし、スピーチと共に、原理講義部門にも参加しようと決めました。

原理講義部門では、文鮮明の説いた原理講義を自分の言葉で講義していきます。父は『原理講論』の「第1章　創造原理」の「第5節　被造世界の創造過程とその成長期間」を抜粋して、大会に挑もうと言いました。講義のほとんどの内容は、父が考えました。

講義すべき内容はとても難解で、最初は録音した自分の音声を1日何時間も聞いて丸暗記し、何度も講義で使う板書を練習しました。自分の出せる最大限の表現をしたいと思い、聞きやすい丁寧な声、美しい姿勢、態度、立ち振る舞い、指の先まですべて意識して、動画に撮って何度もチェックしました。

練習は父との二人三脚でした。父が教会長だった頃は忙しくてあまり家におらず、父との会話はとても少なかったのですが、その頃は教会長をやめて一般企業に勤めていました。

母から聞いた話では、実際のところはわかりませんが、父は教会長から降ろされたのだということでした。最後の赴任地である沖縄で教会長をしていた父は、自宅に帰ってきた後、いつもは冷静で落ち着いているのに放心状態だったようです。

本当は父は公職者（教会から給与をもらって働く人）でいたかったのではないでしょうか。アメリカの神学校にまで留学して統一教会に人生を捧げてきたのだから、教会長でなくなったことは本当にショックだったと思います。

そのような忸怩《じくじ》たる思いもあったのでしょうか。原理講義の準備をしていたとき、父は私にすべてを注ぎ込み、応援してくれました。

私は原理講義部門で、地区大会で優勝し、そして西日本大会でも優勝しました。大会には父も必ず見に来てくれました。

そのときの父はとても生き生きとしていたように見えました。ずっと父に憧れ、褒《ほ》めてほしいと思っていた私は、父の期待に応えることができてとても嬉しかった。

私は当時、日常のことから教会での活動まで、思ったことを時折ＳＮＳに投稿していました。地区大会で優勝したときの私は、こうした言葉を残しています。

「つらいこともたくさんあったけど、最後まで諦めずにやり遂げ、全力を出しきれば、神様が認めてくださるんだということを確信しました。

負け続けて、悔しい思いをして、何ヶ月も泣き続けて、自分には無理なんだと理解し、自分には才能がないから、もう二度とやらないと決めたけど、お父さんが原理で全国優勝しろと言ってくれて、決意して、こうして高校3年生にして原理講義優勝という輝かしい結果をいただけたのは、神様が私のことを愛してくださり応援してくださっていたのだと本当に確信しました」

私は父を尊敬していたので、父の喜んでくれる顔を見ることが何よりも嬉しかった。父が笑っている顔を見ると、安心しました。両親から愛されたくて、教会の活動をがんばったのだと思います。

その頃、父は家でふいに私を抱きしめてくれることがありました。私は少し戸惑いましたし、父の突然の行動の意味を理解できていませんでした。

あとで振り返れば、娘は自分の夢や思いを表現してくれる存在、公職者でなくなってしまった自分のむなしさを晴らしてくれるような存在だと感じたのではないかと思います。娘である私の原理講義が認められることで、父は自分のやってきたことは間違いではなかったと思いたかったのかもしれません。

原理講義の全国大会は、２０１３年12月１日でした。

自宅から駅に向かうときも、電車から降りて東京の松濤《しょうとう》本部へ向かったときも、父は私と手をつないでくれました。大きな父の手がとても頼りになるように思えて誇らしく、嬉しく思いました。

180センチを超える身長で、背が高くて歩幅が広く歩くのが速い父に、私はときどき小走りしながらついて行きました。

この日のために、敬拝を毎日40回してきましたし、神様に「この講義で神様やお父様（文鮮明）の思いを伝えられますように。決して自分の才能のおかげなどと傲《ごう》慢《まん》になることなく、謙虚に、結果は神様にすべてお返しします」と毎日お祈りしてきました。

大会本番はとても緊張しましたが、被造世界の創造過程とその成長期間、なぜ神が堕落世界に陥った人類に手を差し伸べることができないのか、それは人間の成長のためである――という内容を講義しました。聞いている一人一人の審査員の目を見て、感情を込めて精いっぱい話しました。

結果発表では、先に3位が呼ばれ、その次に優勝者が呼ばれました。その瞬間、

高校３年生のときの筆者。「原理講義のスピーチ」を動画に撮って何度も練習した

私は2位であることがわかりました。優勝した男の子は、腕を大きく上にあげて喜んでいます。

私は無理やり笑顔を作って、「ここまでこれただけでも大きな恵み、感謝しないといけない」と自分に言い聞かせていました。本心では悔しかったですが、「結果にこだわってはいけない、傲慢になってはいけない、不平不満、傲慢はサタンがすべてを奪ってしまう」と教えられていたので、そうならないよう意識しました。

しかし、父は私とは違う感想を持っていました。

「あれは絶対さゆりが優勝だった」

のちに私が2位になった理由は、わかりやすいようにアレンジをしていたからではないかという意見も聞きました。1位になった人は、しっかりと『原理講論』に沿っていました。

ただ、私は全国で2位になれただけでもありがたかったし、そこに不満はありませんでした。教会の先輩信者の方からは、「2位のほうが傲慢にならなくていいんだよ。神様がそうしてくれた」と言われ、そういうものなんだと素直に受け止めていました。

全国大会で活躍できたこともあって、当時の教会のスタッフたちからは、「文鮮明の孫と結婚できるんじゃないか」と言ってもらったこともありました。自分もそうなれたらいいなと憧れたこともありました。それが無理でも、できれば韓国の人と合同結婚式で結婚したいと思っていました。

私は学生時代から、日本は罪の国であり、日本人は罪深い民族だと聞かされていました。

統一教会の教えは聖書が元になっており、それを解説したものが『原理講論』です。

それゆえに、聖書に登場するアダムとエバは、重要な人物として教会でも何度も学びます。

アダムとエバは人類の始祖として神が創造し、神は善悪を知る実を「取って食べてはならない」という戒《いまし》めをアダムとエバに与えます。しかし、エバはサタンの誘惑に負け、神の戒めを破って禁断の果実を取って食べてしまいます。

いま、地上にいる人たちのほとんどは罪を背負って生まれてきた堕落人間であると統一教会では学びました。私たち人類の始祖アダムとエバがサタンの誘惑に負けて罪を犯したので、そこから生まれる子孫たちもサタンの子となり、罪を背負ったまま繁殖してしまったのが、いまの私たち人類なのだと教えられていました。

そういったサタン世界、堕落世界となってしまった人類の問題を解決するために、神は文鮮明をこの地上に送ったのだと、統一教会で学んできました。私が教会で聞いた話では、イエスは結婚できなかったから使命を全うできなかった、というのです。

統一教会では、韓国はアダムの国だと学びます。それはなぜかというと、世界に真理を発信したメシアである文鮮明が生まれた国であり、神に選ばれた民族の国だからということでした。

母からはいつも韓国のものはすべていい、韓国人と結婚することは素晴らしいことだよと教えられてきました。テレビドラマをあまりよく思わない母も、韓国の歴史もののドラマはよく見ていました。私も幼い頃から韓国語を習い、韓国語弁論大会に参加したりもしていました。

私は合同結婚式に参加することで、信仰をさらに高めたいという前向きな気持ちになっていました。

「絶対に一生これをやろう」と思うと同時に、教会で忌避《きひ》されている恋愛についても、「そういう気持ちが湧いてこないように気をつけよう」とあらためて思ったものです。

それでも、思春期になっていた私は、どうしても人を好きになることを避けることはできませんでした。

中学生のときは、30代から50代までの学校の先生を好きになったこともありました。その頃はちょうど父親が教会長として単身赴任し、家を空けていた時期でした。父親が家に帰ってきてからは、教師を好きになるということはありませんでした。私は父親に認められたかったし、父に甘えたかったのだと思います。その寂しさを、先生への憧れという形で投影していたのかもしれません。

初めて男性と付き合ったのは高校2年生のときでした。この頃は教会の活動に熱心になっていたため、罪悪感がすごくありました。ただ、学校生活のほうが家や教会よりも長い。朝から夕方近くまで学校にいますから、そっちの世界に引っ張られていってしまいます。

彼には高１の頃から高２の春までずっと片思いをしていました。それに気づいてか、彼から告白してもらって付き合い始めましたが、1ヶ月で別れてしまいました。もちろん、体の関係などはありませんでした。

その交際については、両親にもきょうだいにも言っていないし、彼にも教会の話はしていません。

恋愛は教義に背いているという罪悪感は常にありました。だけど、好きな人ができてしまうと、その人のことばかり考えてしまう。

それでも、教義では婚姻前の体の関係は決して許されないし、神様が悲しむことです。もし思いを遂げたら自分は地獄に行くのだろうか、と怖い気持ちになりました。

アダムとエバが善悪を知る実を取って食べてしまったから、人間は堕落してサタンの子になった。でも、お父様の祝福結婚によって生まれた私たちは、生まれながらにしてその原罪がない清い存在。だから、恋愛という実を取って食べたら自分も家族も地獄に落ちてしまう、そう信じていました。

学校ではそんなふうに好きな人ができたりする一方、修練会や教会に行くと「やっぱり恋愛はしない」と決めたりと、私の心はいつも右に左にと揺れていました。

結局、私は自分のいまいる環境に、いつも流され、染まっていたのだと思います。修練会に行くと信仰心が一気に高まるけれど、それを終えて学校に通い始めると今度はその世界に染まっていく。だから、親の前や教会のなかではいつも「すごくいい子」の自分がいるのに、学校では恋愛の話をしている自分がいる。その間で引き裂かれていくような感じです。

私はその場所その場所で、環境のなかに入り込んで生きていました。

教会にいるときは敬虔《けいけん》な信者になり、学校では思春期の少女として生き、部活では先輩に嫌われないように必死でいる……。そんなときはサタンが云々《うんぬん》という話は考えず、教会に行ったときはいじめられている自分をなかったことにする。

思えば私の思春期時代は、周りに染まる、合わせるだけで自分の本心には向き合わない、その繰り返しでした。

両親は私が教会の活動に熱心なことに関しては評価してくれていたけど、それ以外のことではそうではないという寂しさを私は感じていました。

まず恋愛は絶対にしてはだめだと教え込まれ、だから母とは好きな人の話もできませんでした。親と腹を割って心からの会話ができなかったことはとてもつらかった。ありのままの、本当の自分を見せることができない、そういうストレスがありました。

好きな音楽ややりたいことも気軽に話すことさえできませんでした。あるとき、「モー娘。って本当にかわいい。私もなりたいな」と軽く言ったら、「そんなのは絶対だめ、芸能界なんて一番サタンの世界だよ」と母から強く言われたこともあります。自分の好きなものを親に受け入れてもらえないことは寂しかった。

一方で、いつも親の機嫌をうかがったり、教会の教えに積極的に従ったりして、ポイントを稼ごうとしてしまう自分もいました。

私が高校2年生のときに、教会の教祖である文鮮明の容体が悪化しているという知らせがありました。当時、私はすごく心配をして毎日祈ったり、自宅で繰り返し敬拝をしていました。

教祖が亡くなった日も学校がありました。学校では1時間使って雑草を刈るという時間があって、友達と運動場の草をむしっていたのですが、そのときに初めて友達に自分の信仰について話しました。

「実は私は統一教会に入っていて、今日教祖が亡くなっちゃったんだよね」

私は重い気持ちでそう話しました。

その友達は、「ああ、そうなんだね。すごくショックなんだよね」と私の思いを受け止めてくれました。それまでは統一教会のことを友達に話したことはありませんでしたが、そのときはすごく気分が落ち込んでいて、そのことで頭がいっぱいだったので気持ちが溢れてしまったのでしょう。

でも、本心をいえば、それだけではありませんでした。いつも教会から友達に伝道しなさいと言われていて、教会のことを打ち明け伝えることはとても良い行ないだと聞いていました。だから、信仰を告白することで教会のポイントを稼ぎたいという思いもありました。ものすごく悲しい日にまで、どこかで人からの評価を求めていました。

教会や両親から、いい子と思われたい。みんなから信仰レベルが高いと思われたかった。特に中学、高校時代は、承認欲求がすごく強くて、認められたい、褒められたいと願っていました。

人から特別だと思われたいし、愛されたいし、自分が一番になりたい。

いま思えば、親からしっかり愛されている子は、そうはならないと思います。何もしなくても、特別ではなくても、愛されていると思える自信があるのではないでしょうか。

けれど、私はそのような親の愛を注がれたようには思えませんでした。

両親はいい子の仮面をかぶった自分だから愛してくれるのだ、「神の子」だから愛されるのだと私には感じられました。真実の自分を見たら、親はもう愛してくれないのではないかという恐怖がありました。

第3章　信仰の揺らぎ

別人のような母

高校生になってから始めたのがアルバイトです。自分でお金を稼いでみたい、働いてみたいと思っていました。

きょうだいで最初にバイトを始めたのは、長兄でした。コンビニで働いており、勤務を終えて帰ってくると、廃棄になったおにぎりやお弁当、からあげなどを持って帰って、私たちきょうだいに分け与えてくれました。それがとてもおいしく感じ、兄が帰ってきたときはすぐに駆け寄っていました。

私が高校1年生になった7月頃、兄に「私もそこのコンビニで働きたい」とお願いし、紹介してもらいました。

コンビニのバックヤードは思ったよりも狭く、初めての面接では緊張しましたが、「で、いつ入れるの」が店長の第一声だったときは拍子抜けした気持ちでした。

それから業務を覚え、1ヶ月ほど勤務した後には昼過ぎからのひとり勤務を任されていました。

アルバイト中は長時間立ち続けで、学校の後だと疲れるときもありましたが、店を掃除するのが好きで、お客さんが少ないときにはモップをかけたり、店内の引き出しを整理したりしていました。

アルバイト代は手渡しでした。初めてもらう給与袋は社会の一員になれた気持ちがして、とても嬉しかったのを覚えています。給与をもらったことを両親に報告しました。母に「おお、がんばったね」と言ってもらえたことが励みになりました。私が報告することをいつも大袈裟に、笑顔いっぱいに褒めてくれる母が好きでした。

高校時代は勉強については親から指摘されたことはほとんどありませんでしたが、バイトをすることに関して母は積極的に応援してくれました。

それからしばらく夏休みなどの長期休暇や、学校のあるときは下校後などにたびたび勤務していました。

高校2年生の12月頃には、私の一つ年上の祝福2世のお子さんがいる信者の方から、母のつてで「障害児たちのお世話をするアルバイトをしてほしい」と頼まれました。そこは地元にある福祉施設で、同じ建物で障害者や高齢者のデイサービスなどを運営していました。

障害を持つ子たちとどう接したらいいのかわからず、最初は話を断わったのですが、「子どもたちのそばにいてくれるだけでいい」「歳の近いお姉さんに、子どもたちの遊び相手になってほしいの」と頼まれたため、働いてみることにしました。

初勤務は施設のクリスマス会でした。大きな部屋に集まり、ご飯を食べたり、ジュースを飲んだり、カラオケを楽しんだりしている利用者さんの横に座って、食事介助をしたり、走り回る小学生の男の子を誘導したり、片付けを手伝ったりして過ごしました。

その施設は家から自転車で30分もあれば行ける距離でした。持っていくお弁当は毎回母が作ってくれ、嫌な顔をしたことは一度もありませんでした。

夏休み、冬休み、春休みなどの長期休みに加え、ときどき学校帰り、土曜日などもアルバイトに行きました。

給与は現金で、封筒に入ったものをもらっていましたが、そのうち1万円札は母に渡し、自分は千円札と小銭だけもらっていました。母からは「必要になったら返すから貸して」というふうに言われており、私は自分が必要になったら返してくれると信じて、母にお金を渡していました。

一方で当時、家族には大きな変化が起きていました。私が中学2年生の頃、一緒に暮らしていた母方の祖母が、お正月のしめ縄を玄関に飾ろうとしたとき、脚立から落ちて頭を打ってしまい、脳出血と思われる大きな怪我をしてしまったのです。

家族が帰宅後に、祖母が血を流して倒れていることに気づき、母はすぐに救急車を呼びました。

祖母の命に別状はありませんでしたが、身体に麻痺《まひ》が残ってしまい、そのうち認知症も発症し、我が家は介護生活になりました。

初めての祖母への介護は、母にとって壮絶なものだったと思います。祖母はトイレで失敗すると、便のついたままの手で壁を触りながら車椅子で家のなかを移動するため、家中がひどい臭いになっていました。

また、祖母は認知症のせいか食欲のコントロールが利かず、家中の食べ物やお菓子を漁《あさ》っていました。私が牛乳を飲もうとしたら、祖母がパックにそのまま口をつけて飲んだ後があり、パンなどの食べかすが牛乳に入っていたこともありました。母が食べ物を隠したり、冷蔵庫を玄関の下駄箱の近くに移して取れないように工夫してみても、それでも祖母は食べ物を探し、台所や廊下にまでお菓子のゴミや屑《くず》が散らばっていました。

そんな祖母の後始末は全部母の仕事になっていました。

私にとってショックだったのは、介護をする母が頻繁に祖母とけんかをするようになったことでした。朝起きると、祖母がトイレを失敗したのか、「なんで勝手にそんなことするんだ！」と母が怒鳴っているのが聞こえます。その声で目が覚めるのがつらかった。それまでは穏やかで優しい母でしたが、とてもストレスを感じていたのでしょう。

その気持ちはわかりつつも、食事のときに必ずふたりがけんかをするのを見るのが私は嫌でした。

「このアホ！　何してんだお前は！」

「勝手にするなって言ったやろ！」

これまで怒ることはほぼなく、上品で優しい話し方をしていた母が別人のようにいつも声を荒らげるようになっていました。

毎日、母が祖母に対して「アホ！」と暴言を吐いているので、きょうだいもそれを真似し出しました。私自身も、あまりに毎日のように母と祖母のけんかが続いて、母の怒鳴り声や叫び声が頭から離れず、ストレスでおかしくなるような感覚に襲われました。私も祖母に「もう、何回も同じことしないでよ」「どいて！」と強く当たってしまったこともありました。

そんなことが続いた数年後から、私は強いストレスを感じ、貧血のような症状を起こすようになっていました。強い吐き気と腹痛がして、トイレにこもると頭のなかでシューーッと音がして、気づいたら床に倒れているということが数回ありました。

その後しばらく横になると症状は落ち着きましたが、当時は原因がわかりませんでした。

私が恐ろしいと思ったのは、母は教会に行くとそんな素振りは一切なくなり、いつもにこにこと笑っていたことです。私が教会で母とすれちがうと、「ああ、さゆりちゃん」と優しい声を発するのです。家で祖母を叱っている母との落差に、私は不気味さを感じました。

私は母に、「おばあちゃんとけんかをしないで」と頼んだことが何度かありました。

すると、母は「いま、これはお母さんの試練なんだよね」と言いました。

教会の教えに「蕩滅《とうげん》条件」というものがあります。それに従えば、家での介護は確かに大変だけれど、それは母にとって果たさなければならない責任であり、試練でした。

私は教会ではまるで別人のようにいい人に振る舞っている母の姿を見て、何ともいえない気持ちになりました。

そして、父親にも疑問を持ちました。父はその頃は一般企業に勤める会社員でしたが、私が小・中学生の頃は教会長をしていました。

教会長は信者の前で説教をする立場です。会社員になってからも、中高生向けの説教は父が担当していました。

教会では「人のために生きましょう、家庭を大切にしましょう」とみんなの前で言っている父は、母と祖母のけんかを仲裁することはありませんでした。家事や介護をほとんど手伝うこともなく、「これは母と祖母の問題だ、計り知れないいろいろな事情があるから」と言って、距離を置いているように見えました。

もちろん母と祖母の関係に口を出しにくい遠慮もあったのかもしれません。それでも、家族の危機なのだから、物理的にも心理的にも母や私たちを支えてほしかった。

両親の教会と家での姿の違いに、疑問を感じ始めました。

祝福結婚のための修練会

そんな家の環境は好きではありませんでしたが、それでも私は教会の活動には没頭し続けていました。

もっと自分の人格を完成させ、親や教会の期待に応えたいと思っていました。高校3年生の冬、信仰の高かった私は、祝福を受けて合同結婚式に参加したいと思っていました。誰かをこの世で一番に愛してみたい、愛されてみたいと思ったし、前々から私は韓国の人と結婚したいと思っていました。

韓国は神が選んだ国で、韓国の人と結婚することはとても名誉なこととされていたので、韓国で生活できるよう、高校で選択していた韓国語は一度学年1位を取るほど勉強をしていました。そのようなこともあり、卒業後の進路希望は兄2人と同じく韓国にある統一教会系の大学である鮮文《ソンムン》大学へ行くと書いていました。それほど、教義について確たる信仰がありました。

大学で教義を学び、そしてできるだけ早く祝福結婚をしたい、それが私の目標でした。

祝福結婚とは統一教会の祝福によって結婚することを指します。

祝福結婚には条件があり、祝福を受ける前には決まった修練会に出たり、7日断食をしなければならないと教わっていました。そうした決まりはいまではもう少し緩くなっているとも聞きます。

そのような祝福結婚の多くは教区の教会で行なわれます。一方で、韓国の大きな会場で行なうような合同結婚式は、参加するためにはより高い基準をクリアしている必要があり、そういった信仰レベルが高い人たちしか参加できないと教えられました。

この祝福結婚を目指して、2014年の冬、私は教会の先輩であるアベル（2世信者の指導係の大人）に相談しながら、祝福を受けるための修練会に参加していくことにしました。祝福を受けるためには段階があり、2日修練会、4日修練会、そして合同結婚式を受けるためには21日修練会を経なければならない決まりがありました。私は当時たくさん修練会に参加していたので、2日修練会は免除してもいいとアベルに言われ、4日修練会から参加していきました。

しかし、21日修練会まで参加した時点で、私の信仰は予想外に揺らぐことになりました。

その修練会は2014年に、千葉県千葉市にある統一教会の修練所で行なわれました。これから祝福を受ける1世の信者も含めて、結婚に備え、しっかりと教義を学ぶための修練会です。

高校3年生の2月は受験シーズンで、冬休みが終わった後には学校への登校が週に1回程度と少なくなっており、理由のある人は欠席することも認められていました。私は大学受験をせず、祝福結婚の準備と、統一教会系の大学進学を目指していたので、この修練会に参加しました。

修練会では朝から晩まで、教義の内容や正しい信仰生活のしかた、教祖のこれまでの歩みなどについて学びます。

寒さで雪が積もる日もあり、講義の合間の休憩時間には、持参したお湯で溶かしたココアを口にして温まっていました。

また修練会の合間には体操や深呼吸の時間があったり、バレーボールのようなレクリエーションもありました。

お風呂は毎日ではなく、3日に一度だったので、頭が痒《かゆ》くなっていたこともありました。

修練会では男女に分かれて、班長を含め1班10人くらいの班が組まれました。男女は基本的に別行動で、ほとんど会話を交わしません。女性は会場の左側に固まって、男性は右側に固まってパイプ椅子に座ります。

「男女の交流はしないように。情が湧いてしまうから」

と、班長からは言われていました。

とにかく純潔が重要で、それを破った人のことを「堕落した」「一線を越えた」

と言っていました。

修練会では班長との面談が頻繁にあり、生まれた頃からいままでをじっくり話していました。印象的だったのは、あるとき一部の人だけが呼ばれて、その人だけで面接を受けていたときのことです。私は「誕生日のサプライズなのかな」などと呑《のん》気《き》に思っていたのですが、あとで知ったのは、堕落してしまった人には、個別に指導があったようで、「あれってそういうことなの?」とみんなで噂をしていました。

実は私自身も、堕落してしまった2世に対しては偏見がありました。せっかく原罪のない祝福2世として生まれたのに、性的な誘惑に負けて堕落してしまう人なんだという嫌悪感がありました。そういう人とはあまり深くはかかわりたくない、そういう影響を受けたくないなと思ってしまっていました。

私も幼い頃から好きな人はいて、中学生くらいからは彼氏が欲しいと強く思ったり、男の人と手をつないだりしてみたいなという感情はありました。ですが、堕落したい、つまり性行為をしたいとは思いませんでした。

生まれた頃から神の子だと言われ、絶対に純潔を守りなさいと教えこまれました。

堕落したらそれは死ぬことだと思いなさい、自分だけではなく家族も罪を背負うと言われてきました。

統一教会では連帯罪というものがあり、自分が堕落すると、家族や霊界にいる先祖も天国へ行けなくなるのです。

だから、恋愛への憧れはありながらも、堕落することはとても怖かった。


修練会中は、私は波がありつつも熱心に参加していました。

最終日に近づくと、３日間程度の「伝道活動」が行なわれます。

街に出て道行く人に声をかけ、「こんにちは、いまちょっとお時間よろしいでしょうか」と勧誘して回るのです。指導により、統一教会であることを隠すことはしませんでした。

「教会のビデオセンターがあるので私たちと一緒に行きませんか」

班の人とペアになって、勧誘のためのアンケート用紙を挟んだバインダーを持って「伝道」をするのですが、何度も断わられ続けました。私はだんだん話しかけることが怖くなり、行く途中の道でたびたび泣いてしまいました。

結局、私たちは最終日の終了間際まで、ひとりもビデオセンターに動員できませんでした。

「話しかけても無視をされるばかりで、つらいだけの3日間でした」

と自分の班の女性班長に相談すると、「じゃあ、私と一緒にやってみよう」と提案してくれました。女性班長は、いつも笑顔で前向きで、情に溢れた優しい人でした。

班長は道行く人に「ちょっといいですか」と話しかけていくのですが、私たちと違ってまったくめげるということがありませんでした。班長は次々に無視されても、笑顔を絶やさずに勧誘を続けていきます。

班長が声をかけているうちに、30代ぐらいのひとりで歩いている男性が立ち止まってくれました。簡単な説明は班長がしてくれたのですが、そこから先は私たちの役割でした。

「私たちは統一教会の人間で、文鮮明先生のみ言《ことば》を聞いてほしいと思っています。

できればビデオセンターのほうまで来てもらえないでしょうか」

するると、男性は「ああ、いいですよ」と答えてくれたのです。

そんなふうに反応してもらえたのは、3日間で初めてでした。そのときは本当に嬉しくて、私は心のなかで「神様、ありがとうございます」と言いました。

ビデオセンターでは、

「人生の目的について考えたことがありますか」

と、男性に問いかけ、

「文鮮明先生は人生の目的や、結婚観についても解き明かしてくれています」

と、教えについて説明しました。

「人類はいま堕落世界にいるけれど、それはエバが天使に誘惑されて堕落してしまったからです。それを文鮮明教祖は救いにこられたんです」

その男性は、「へえ、そうなんですね」と物珍しそうに言いました。

1時間くらい話をすると、彼は「もうこれで」と言って帰っていきました。

修練会では、班でその日起きたことを共有する、シェアリングの時間があります。

その夜、私はこのシェアリングで「3日目にこういう人を動員することができました」と班のみんなに言いました。

「くじけそうだったんですけども、そこで神様を感じました」

こうした思いをみんなで共有して、士気を高めていくのです。この3日間で私は日中から夜まで、1日に100人くらいに声をかけました。

ところが、この修練会の最後に私は高いと思っていた自身の信仰が、初めて大きく揺らぐ体験をすることになるのです。

班長からのセクハラ

男女は基本的に別行動といっても、班長は特別でした。私は一緒に行動していた修練生の女の子と、この修練会で10歳以上年上の男性班の班長と仲良くなりました。この男性班長は、司会進行補佐も務めていて真面目な人に見えました。21日修練会は祝福を受ける上で重要なので、そのスタッフは通常の修練会よりもさらに高い信仰レベルが求められると信者づてに聞いていました。

私たち3人は、講義の感想を話したり、たわいもない雑談をしたりしていました。修練会中に男女の修練生が仲良くすることはいけないことと教育されていましたが、私たちが男性班長と会話することについては、私たちの班の女性班長も把握していて、何も言われませんでした。また、他の修練生たちも上の立場の異性、つまり班長や他のスタッフの方と少し話をするくらいのことはたびたびあり、そういったことまで線引きをするような雰囲気はありませんでした。

私たち3人で会話することが少しずつ増えていき、何となく話しやすい、楽しいという感情が芽生えていました。ただ、そこには恋愛感情はまったくありませんでした。

修練所には聖地と呼ばれる場所があり、みながそこへ行って祈りを捧げていました。

祈りの場所は、聖地だけに限定されているわけではなく、空いている部屋や講義室で教祖たちの写真に向かって祈ることも可能です。聖地は霊的に整理されており、祈りが天（神）に届きやすいと私は教わりました。

修練会の途中で、男性班長から「祈ってあげる」と言われ、私たち3人は聖地に向かいました。彼は代表して、私たちのことを祈ってくれました。

「愛する天のご父母様、どうかこの2人の兄弟姉妹があなたの愛に触れ、この修練会で多くのことを学べますよう」

といった内容でした。神とより近い立場にいる信仰上の先輩に祈ってもらえることは、とてもありがたいことだと思っていました。

すべての修練が終了した次の日は閉会式がありました。最終日ということもあり、修練生全員で修練場の清掃をしていました。

「ちょっと手伝ってもらおっかな」

清掃の途中に、その男性班長から声をかけられました。彼の後ろをついていくと、人気《ひとけ》のない場所へ連れていかれました。学校の教室くらいの広さの部屋で、その部屋には倉庫のような個室があり、そこへ誘導されました。

彼はスマホを取り出して、私の横に並んで内カメラにして一緒に写真を撮りました。そのとき、彼は私の腰に手を回してきました。少し緊張していたのか、あるいは興奮していたのか、彼の手は不自然に震えていました。

それから彼は私に向かい合い、私だけの写真も撮りました。撮影後に、頭を撫《な》でられたり、頬を両手で触られたりしました。男性班長は、終始ニヤニヤとした笑みを浮かべていました。

そこに一緒にいた時間は、２分間もなかったかと思います。班長の誘導ですぐにその部屋を出ました。

それからは、修練会を解散する別れ際に、少し挨拶をしたくらいでした。

この短い出来事に、私は大きなショックを受けました。

教会では男女の身体的な接触は禁止されています。それなのに、信仰上の先輩である班長がどうしてそんなことをするのだろう、と恐ろしくなったからです。

解散後、私はスマートフォンの電源を入れました。修練会中は基本的に、スマートフォンは電源を切って班でまとめて袋に入れて事務室に保管され、特段の用事がない限りは触ることができず、修練に集中するというのがルールでした。私もそのルールを守り、修練会中に1、2回学校の先生への必要な連絡を電話したくらいでした。

修練会の解散後は、あらかじめ往復で予約していた夜行バスに乗って自宅に帰る予定でした。夜行バスの座席に座り、信者同士の交流に使っていたFacebookのアプリを開くと、先ほど写真を一緒に撮られた班長から、友達申請とメッセージが届いていました。

「○○だよ」と男性班長の名前が書かれていました。それは修練会中に送信されていたことに気づきました。

「オッパ（お兄さん）、お疲れ様でした」

そういった返事を送ると、すぐにメッセージが返ってきました。

「いまは帰ってる途中なのかな」と聞かれて、「はい、帰っている途中です」と返信すると、それからは夜行バスのなかで、男性班長からのメッセージが矢継ぎ早に届きました。

「○○（地元）に会いに行くからね」

「可愛いから男の子が寄ってくるでしょ」

「もうおねんねしたかな？」

「返信くれないと天国で会えないよ」

などと、会いたいという内容のメッセージが送られてきました。


困惑した私は、信頼していた自分の班の女性班長に報告することにしました。すると、女性班長は「アベルに相談してみる、報告してくれてありがとう」と言いました。

その後、その男性班長は教本を胸に抱き仰向けで寝て、ブツブツと支離滅裂《しりめつれつ》な言動をとっており、霊的になっていた、と聞きました。彼は、私に送ったメッセージも記憶になく、「霊的になった、以前からそうなりやすかった」「私に手を出した記憶はない」といった発言をしていると聞きました。

霊的というのは、何かに取り憑《つ》かれているような症状を指し、一般的には精神的な理由で自我があやふやになったりするような状態を指していると思われ、統一教会ではよく使われる表現です。

男性班長からの私への行為に対して修練所や教会からの謝罪は一切なく、「メッセージは消すように」「（当人とは）絶対に相対（会ったり話したり）しないように」と注意されてしまいました。

これまで教会の活動を一生懸命に続けてきた私は、この教会の対応に大きな疑問を感じました。

実はこれ以前にも同じような問題はありました。

高校3年生の1月に参加した4日間の修練会でのことです。この修練会も祝福を受けるための条件で、やはり男女は分かれて班が組まれ、男女の交流はよしとされていません。修練会の開会式やオリエンテーションなどで、男女があまり近くなりすぎないようにと注意されることもありました。

しかし、私はその4日修練会の間、2人の男性スタッフにずっと視線を向けられているると感じましたし、スポーツの最中に背中を触られることもありました。

自分の思い過ごしかもしれないと思いつつも、私はそのことを修練会中に自分の班の女性班長に相談したのですが、周りにはこのことを話さないようになどと言われ、私はその回答にもやもやしていました。


「証拠は消してお互いに気をつけなさい」

教会の公職者やアベルに相談しても、基本的には「そのことを他に漏らさないこと」を約束させられ、「そういう感情や行動は上の立場にある人であっても誰でも起こりうる可能性があるので気をつけるように」というような具体的解決のない対応に終始されました。

しかし、未成年の高校生の信者が、成人して立場が上の信者から不快なことをされたと困って相談しているのですから、団体組織として然るべき対応をするべきだと疑問を持ちました。

ましてや、「恋愛をしてはいけない」と教義で禁止し、多感な10代の子どもたちの純粋に湧き出るごく自然な恋愛感情を縛って、罪悪感を植えつける教育をしている団体が、責任を感じる姿勢すら見せず、そのような行為を致し方ないとも思えるような対応をしたことは、あまりに残念なことでした。

「男性は目から刺激を受ける傾向がありますが、かといって、美しいものを美しいと思うこと自体が罪ではありません」

私の相談に、本部の指導者はこう答えました。

美しいものを美しいと思うことは、人間のごく普通の感情であることは確かですが、私たちはそれを「取って食べるな」と幼少期から否定されてきたのです。

何もやましいことがなければ、メールを消すように厳しく言う必要はありません。

例えば、同じく高校生の頃ですが、教区の違う信者の男の子から個人的なメールが届いたことがありました。「写真を送ってください」と言われたのですが、そうした個人的なメールはしてはいけないわけです。

私がそのことを教会の2世を担当する2世部長に相談すると、問題になり、私たちは指示されたとおりアベルにメールのやり取りをすべて送りました。すると、「自分の携帯の履歴は全部消しなさい」と指示され、履歴を全部消しました。メールを送ってきた男の子は、のちに坊主頭になっていました。


私が男性班長からの誘いに戸惑い、恐怖を感じたのは、頬を触ったり腰に手を回してツーショット写真をとったりする行為が教義で否定されていることは、信者なら誰でも知っているはずだったからです。祝福を受けた相手以外とは、そういうことをしてはいけない、私はずっとそう教わってきたのです。

修練会の班長をするような信仰が高い人に、信仰の面で裏切られた、と私は感じました。

私は修練会にいる間、班長のその男性を優しく信仰の高い人だと憧れていました。

そうした人から教えられ、学べることが嬉しかったし、仲良くなれたことが嬉しかった。

教会では横のつながりのことを兄妹姉妹といいます。将来、天国に行ったら兄弟姉妹としてまた会える——そう考えて私たちのために祈ってくれている班長を、私は尊敬していました。

教会ではみんなが家族であり、家族としてきょうだいとして愛してもらえている。そう思っていたわけです。ところが、その彼が私を性的な対象として見ていたかもしれない。それは統一教会の教義のなかに生きていた私にとって、涙が止まらなくなるほどショックなことでした。

私はそれから少し引きこもりがちになり、布団に潜り込んで泣いてばかりいました。高校の卒業式にも出ることができませんでした。

21日修練会でのこの出来事について、私は母に相談しました。

「大変だったね、アベルにちゃんと報告しないと」

母は私にそう言いました。すべてアベルだけに相談し、自分だけで問題に向き合ってはいけないと。

母は当時、アベルなどを通して修練所と連絡をとっていました。母は男性班長について、「あの人は母親が信仰に忙しく、ずっと寂しい思いを抱えていた」「彼は寂しかったんだろうね」と、彼を憐れむようなことを言っていました。修練所側から、そういったことを聞いたのだと思います。

しかし、この出来事について、のちに母は「そんな話はまったく聞いていない、そんな事実はない」と言っているようです。

そして私はこのことをきっかけに、高校を卒業した3月から、韓国の清平に行くことになるのです。

第4章　脱会

韓国・清平へ

「この世に起こることはすべて霊的なことが問題になっているの」

母は、私に悪霊が憑いているため、そういった男女の問題が起きると言いました。私たちには悪霊がたくさん憑いていて、悪い考えを起こさせたり堕落させようとすると。

「家庭部長とも相談したんだけどね、清平へ行ったほうがいい。今後のためにも、清平の40日修練会に参加して、役事《やくじ》して整理するといい」

統一教会では、不幸に陥らせる悪霊を、体を叩いてお祓いする行為を「役事」といいます。そういった悪霊をお祓いする役事をできるのが、韓国の清平という場所でした。

私も自分の身に起きたことが恐ろしくて仕方がなかったので、清平に行ってみようと決意しました。不安はあったものの当時はまだ信仰心もあり、清平に行って除霊すれば落ち込んだ気持ちを立て直すきっかけになるかもしれないと思ったのです。

私が清平での40日修練会に参加したのは、高校を卒業したばかりの２０１４年３月のこと、21日修練会から１ヶ月も経たない時期でした。

韓国の清平は、統一教会の聖地と呼ばれています。そこには「天宙清平修練苑（現・ＨＪ天宙天寶修鍊苑）」と呼ばれる教会の施設があり、修練施設だけでなく周辺には病院や、数万人が収容できるドームなどもあり、世界中の信者が集まります。

青々とした山のなかに細長い湖が広がる清平は自然が豊かで、建物も大きくて宮殿のように見えました。

それまで私は１人で海外に行ったことがなかったので、清平までは母が一緒につきそってくれました。私が５歳頃までに何度か、家族で清平に行ったことがあると母に聞きましたが、ほとんど記憶にありませんでした。

母と別れたあと、私は１人で40日修練会に参加しました。

冬は雪が降る地域でもあり、３月はまだ肌寒さが残っていましたが、日本の修練所とは違って床暖房が完備されていました。食堂でいただく食事はすべて韓国料理で新鮮でした。

参加している信者の年齢層はばらばらで、私は若いほうでしたが、なかには15歳の参加者もいました。修練会は、日本人、韓国人、英語圏の外国人のグループに分かれており、私は日本人グループに入り、日本語で講義を受けました。

1回目の40日修練会は4月23日に無事終わりましたが、そのまま私は2回目の40日修練会に参加することにしました。

清平での1日の生活は、朝の5時半から訓読や講義が始まり、夜の10時頃の祈禱会が終わるまで続きます。なかでも重要なのはお祓いである役事です。

当時私が体験した役事は、朝の7時45分から9時10分と、夜の7時15分から8時40分の1日2回で、一度に1時間30分近くかけて行ないます。

信者たちは男女に分かれて列を作り、手拍子をしながら聖歌を歌います。歌に合わせながら胸の前で手を叩き、指示に合わせて頭、顔や首、胸やお腹、足を叩いて全身を清めていきます。私は自分に憑いている悪霊が、体を叩くたびに抜け出ていくような気がして、とてもやりがいを感じていました。

役事のときのステージの上には、役事チームと呼ばれる人たちが立ち、みんなに叩く部位を誘導する「メインボーカル」と呼ばれる人、ステージの両端に立って歌う「サイドボーカル」と呼ばれる人、その他ピアノ、太鼓、叩く部位の書かれたプラカードを見せる役割の人などがいました。私は役事チームに所属し、サイドボーカルを担当していました。

積極的に活動をしていくなかで、同じ役事チームにいた、２世のお姉さんであるAさんに憧れを抱くようになりました。メインボーカルとして役事を誘導する姿がとてもかっこ良く映りました。Aさんも私のことを気に入ってくれて、仲良くなって一緒に行動を共にしていました。

しかし、手を絡めてつないできたり、髪を優しく撫でたりと、だんだんAさんからアプローチとも思える言動が増えていき、身体的な距離が近くなっていくにつれ、私は違和感を抱き始めました。教義としては良くないことと思いつつも、仲のいい関係のままでいたいという思いになっていました。

Aさんとふたりきりの時間が増え、私はそれが嬉しい半面、心が動揺して、徐々にストレスが募《つの》っていきました。


そして3月15日に修練会に参加してから2ヶ月近くが経った5月頃、夜にAさんとトイレに行っていたとき、私は突然身体のコントロールができなくなりその場に倒れてしまいました。そして自分でもおかしいと思っているのに、なぜか5、6歳くらいの小さな子どものような言動になってしまったのです。

自分の意識はあるのに、口から勝手に幼い言葉が出てきてしまう。自分のなかに別の人格の女の子が現われたような感覚でした。

いま思えば私がそこまで混乱したのは、統一教会では恋愛は罪で、ましてや同性の恋愛は神がとても悲しむ、絶対にだめなことだと聞いていたからだと思います。

教会では家庭を持って子どもを産みなさいと教えられていました。

その後は女性にそういった感情を持ったことはありませんし、清平のときも、もしかしたらAさんに対する憧れをこじらせていただけかもしれません。

ですが、男女にかかわらず、そして対象が異性・同性であるにかかわらず、恋愛感情というのは人間として当たり前に湧き出てくるものです。年頃であれば尚更《なおさら》でしょう。抑えられるようなものでは、そもそもないのです。

その人間として当たり前の恋愛感情を厳しく禁止されることによって、私は罪悪感を植えつけられているように感じていました。

もちろん、私も幼い頃から好きな男の子がいて、恋愛感情が湧いてくることもありました。学校で告白や交際をしたこともあります。けれども、それは淡い恋心に留《とど》まっていました。体の関係は絶対にしてはいけないと強く自分に禁じていました。

祝福2世として原罪なく生まれてきたのにその血を汚すことは、一般人が堕落するよりも罪だと言われ続けてきたからです。

淫乱の罪は殺人以上の罪であり、地獄の底にいく。

そのように繰り返し厳しく教えられることで、そうした感情や行為に対して恐怖を抱くようになっていくのです。

だから、男女の問題を引き起こす悪霊を祓うために参加した修練会で、信仰の高い彼女から更なるアプローチを受けたことで、私はひどく混乱し、精神が不安定になりました。絶対的に正しいと信じていた教義でしたが、そうであればなぜ信仰の高い人たちが禁を破る行為をするのでしょうか。教会外の人にアプローチされたなら、ここまでは苦しまなかったでしょう。教義の説く理想と、現実の人々の行ないとのギャップに混乱しました。何が正しいのか。そして、こんなことをしている自分は地獄に落ちないのか。不安が際限なく溢れてきました。

Ａさんは当時、そういった経験は過去に一度もなく、どうかしていたと言って何度も自分を責め、とても苦しんでいるようにみえました。修練所側はＡさんからの報告で事情を把握し、のちに私たちに今後一切の交流の禁止を命じます。

Ａさんとの出来事のほかにも、私は清平での修練期間中に、大きな衝撃を受ける経験をしていました。

それは、私の他にも、霊的になる、つまり何かに取り憑かれたように自我があやふやになってしまう信者を目の当たりにするということでした。

　これは私自身がそうなる前に経験したことですが、もともと中高生時代に一緒に修練会に参加したこともあり、明るくて周りにも気を配れるような優しい2世の先輩が、清平で再会したときには霊的になり、会話が通じなくなっていたことがありました。周りからも腫れ物に触るような扱いを受けていることに、私は大きなショックを受けました。

　また、ある女性は就寝時間中に言動がおかしくなり、駆けつけた修練所のスタッフの人に押さえつけられて病院につれて行かれたこともありました。その女性は激しく抵抗し、彼女の絶叫が部屋中に響いて、私はその光景があまりにも恐ろしく信じられず、心が不安定になっていました。「見ちゃだめだよ」と言われ、私の怯《おび》えている背中を、先輩が何度もさすってくれました。

　日本の修練会にいたときは、そんな人を見たことがありません。なぜ清平では精神が不安定になってしまう人が複数出るのかと、疑問と恐怖を感じていました。

そして、私も精神を崩し霊的になってしまったので、このまま修練会を続けることが難しくなり、清平の事務局の人が母を呼びました。5月15日に日本から母が迎えに来て、一緒に清平を後にしました。

精神病棟

これからの将来をどうしようかと考えたときに、清平ではいろいろなことがあったけれど、私はそれでも統一教会の教えをもっと学びたい、教会の教えのもとで生きたいという意思を持っていました。韓国の統一教会系の大学に進学したいことやSTFと呼ばれる、より信仰レベルの高いプログラムの一員として献身したいこと、のちのちは公職の道を目指したいという希望を持っていました。

進路について相談するために、6月に清平にいるある講師に相談メールを送りました。しかし、清平で「霊的になってしまった」ことは、教会での自分の進路に暗い影を落としていました。

翌年からは大学に行こうと思っていた私は、自分の成長のために夏休みに行なわれる中高生向けの修練会にスタッフとして参加することを望んでいました。しかし、その修練会の募集要項には「過去に一度も霊的問題がない人」「霊的問題のある人はご遠慮ください」と書かれていました。

「自分が霊的になったのは前回の清平修練会が初めてで、日本に帰ってからは何もないのですが、私はこれからずっと『霊的な問題がある人』という扱いになっていくんでしょうか」

私は必死の思いで講師に相談しました。もしも一度でも霊的になったことがあるとスタッフになれないのであれば、これからの自分の教会での活動が著しく制限されてしまうと危惧《きぐ》したからです。

そして、千葉での21日修練会で私に対して「霊的になった」と言いながらも、スタッフを続けていた男性班長のことを思い出しました。

「以前私と問題があった21修の男性スタッフは、私にした行為に対して、『霊的になった、以前からそうなりやすかった』『私に手を出した記憶はない』と言っているのに、その後も普通にそこに残ってスタッフをしていました。でもそれって許されるんでしょうか」

ですが、講師からはその疑問に対する満足のいく回答はありませんでした。自分は千葉での出来事は直接見ていないので発言する権利はない、ただ清平での様子を見れば、修練会のスタッフをするよりも、清平に早めに来てもう一度役事に参加するのが望ましいという内容の返信でした。

7月30日から、私は再び清平に行きました。前回は途中で帰ってしまったので、2回目の修練会の日数が20日ほど残っていたからです。さらに、そのまま3回目の修練会に参加することにしました。

しかしそこでまた、私は女児の人格になってしまう症状に悩まされることになります。以下の出来事は、脱会した現在の私が冷静に記憶を辿って思い出した当時の様子です。

9月なかばのある日のことです。私は夜の役事へは行かず、事務局のあたりを彷徨《さまよ》って、机の下に隠れたりして遊んでいました。そのときも、またもや自分のなかの５、６歳の女の子が出てきていました。

そこへ６月に進路について相談した講師がやって来て、「またあなたか。早く役事に行きなさい」と私に注意をしました。私は、「嫌だ、嫌だ」と役事に行くことを拒否しました。

講師は私が悪霊に取り憑かれていると信じている様子で、私自身も自分が悪霊に操作されていると思っていました。

私は、「なぜ自分がこんな目にあうのか、もう苦しい」という内容のことを講師に問いかけていました。講師は言いました。

「おまえが同性愛をしたからだ」

私のなかの悪霊に対しそう話しかけたのかもしれませんが、彼の言い放った言葉に、私は深く傷つきました。

役事の会場は、事務局からは道路を挟んだ向こう側にありました。「早く行け」と、講師が手で払います。

私はそれでも役事に連れていかれるのを強く拒んでいました。そうしている間にもはや歩くことができなくなり、道路を這《は》っていました。

するとそこへ偶然、霊媒師の女性が通りかかりました。清平ではこの女性のことをみんな「テモニム（大母様）」と呼んでいました。文鮮明の没後、その妻である韓鶴子が統一教会の総裁となりましたが、韓鶴子を育てた母は「テモニム」と呼ばれていました。その霊が降臨したのがその女性霊媒師であり、除霊ができる人だと尊敬されていました。

「病院へ連れて行きなさい」

彼女がそう指示すると、スタッフがすぐに救急車を呼びました。

しばらくして救急車が到着すると、私はふたりがかりで腕をつかまれました。私はパニックを起こし、自分でも信じられないくらいの大声で「ぎゃあ」と叫びました。自分の意思ではまったく抑制が利かない状態でした。

それから私は清平修練苑と同じ敷地内にある清心《チョンシム》国際病院の精神病棟へ入院することになります。

実は私はこの霊媒師に会うのは初めてではありませんでした。この夏の清平での修練会の期間中、彼女に個室で按手《あんしゅ》（役事で体を叩いて霊を祓ってもらうこと）をしてもらう機会があったのです。

テモニム祈禱室と呼ばれる個室へ入ると、彼女が座って待っていました。

私はびくびくしながら、指示されるまま仰向けになりました。すると、彼女は悪霊を祓うために、私のへその下あたりをばーんと手で叩きました。すごく大きな音がするのですが、不思議と痛くありません。何度かばーん、ばーんとお腹を叩かれ、何かをかき集めてはらうような動作を繰り返します。

女性霊媒師はその行為をしながら、通訳の人に何かを話していました。後に通訳の人に聞いたところ、私には「従軍慰安婦の霊が憑いている」と言っていたそうです。

日本人女性には従軍慰安婦の霊が憑いていることが多く、特に子宮のあたりには蜂の巣のように悪霊がこびりついている、という話をのちに聞きました。それを祓うために、彼女は私の子宮のあたりを叩いていたのだと思います。彼女は時折目に浮かんだ涙を拭っている様子もありました。

「日本の2世が犠牲になっていることをテモニムは悲しまれています」

と、通訳の人は私に伝えました。

私も除霊の最中、ずっとわんわんと泣いていました。自分がおかしいのは悪霊が憑いていると信じていたため、除霊してもらえるという安心感があったのだと思います。


精神病棟に着いてからも、私は叫び続けていました。

「叫ばないで！　静かにして。叫ばなくていい！」

どこからかそんな声が聞こえましたが、それでも叫ばないではいられなかったのです。

私は硬くて狭いベッドにうつぶせにされ、ズボンを下ろされてお尻に麻酔の注射を打たれました。しばらくすると私はそのまま意識を失いました。

目が覚めたときは同じベッドに仰向けに寝ていました。部屋のなかには、私ひとりしかいません。自殺をしないようにするためなのか、何もない部屋でした。誰もいないし、誰も来てくれません。私はスマホも持っていませんでした。

いつの間にか置かれている食事があるだけで、何時間経っても誰も来ず、外で何が起きているのか、どうしたらいいのかまったくわかりませんでした。

私は怖くなって誰か人を呼ぼうとしたのですが、大きなストレスに突然さらされたせいか、なぜか声が出ませんでした。助けてほしくて、ドアを30分くらい叩き続けていました。

すると、しばらくしてふたりの男性が病室に入ってきました。韓国語だったので何を話しているかよくわかりませんでした。それから私はドアから引きはがされ、強引に身体を引っ張られて、ベッドに寝かされて、今度は身体を拘束されてしまいました。

「やめて、やめて」

そう言おうとしましたが、どうしても声が出ません。それから薬を飲まされました。手首とお腹、足に巻かれたベルトは硬く冷たく感じ、私はしばらく声が出ないまま泣いたあと、再び意識を失いました。

医師のような人が私の部屋に来たのは、病棟に入ってから2、3日後のことだったでしょうか。時間の感覚がよくわからなくなっていました。韓国人でしたが、カタコトの日本語が喋れるようでした。

「ここから出たいです。出してください」

やっと声が出るようになった私は、必死に訴えました。震えで顔がこわばって、うまく口が動かせなかったけれど、何とかしてここから出してほしい一心でした。

医師はこう答えました。

「部屋を移して、あなたの状態の経過を見てからにしましょう」

穏やかに、優しい口調でそう言いました。

私は医師の指示で、元いた病棟から3、4人の大部屋に移ることができました。二度とあの個室に戻りたくなかったので、支離滅裂な言葉が口から出そうになったり、暴れたりしそうになっても、トイレに隠れたり布団をかぶったりして、何とか我慢しました。

大部屋に移ってからは、病院で行なわれる役事に参加しました。看護師さんが引率し、病院内の役事室に行き、清平のビデオ中継の映像を見ながら役事を受けるのです。私は病院のスタッフから、頭を叩く按手をしてもらいました。

いま思えば、病院で治療のような形で役事をしていたのは何だか変なように思いますが、そのときは何も疑問を感じませんでした。

役事の他に、自分の家の絵をクレヨンで描かされて、その絵について分析されたりしました。

入院中は必死に抑え込みながらも、私は自分のなかに5、6歳の女の子がいるような感覚が消えず、ふわふわとした感覚で、自分がとてもまともな状態とは思えませんでした。

それにしても、なぜ私は清平の40日修練会で、自分のなかに「5、6歳の女の子」が入ってきたと感じたのでしょうか。

5、6歳というのは自我が芽生え始めた頃です。私は小学校の1年生のとき、登下校で仲間はずれにあっていましたが、その当時は気持ちを誰にも言えませんでした。いじめられても認めたくなかったし、いじめられていないふりをしていました。だから、親にもきょうだいにも相談せずに、自分の感情と向き合わずにスルーしていたところがあったのだと思います。

その頃からずっと自分の気持ちを押し殺し過ぎていたのでしょう。幼い頃の自分は自己表現もしなかったし、いつも受け身で、仲良くなろうと言ってくれた子とだけ仲良くなっていました。嫌なことがあっても我慢していたので、そういう時期の自分が、大人になって出てきたのかもしれません。いま思えば、自分が抑え込んでいたものを誰かに聞いてほしくて暴れていたのかもしれないと思います。

ただ、私が5、6歳の人格になったのは、清平にいたときだけでした。

入院している途中、事務局の人が連絡をしたらしく、母が病院まで私を迎えにきました。母は詳細を知らされておらず、何が起きたのかよくわかっていないようでした。

私がこれほど恐ろしい思いをしたのに、母の言葉は拍子抜けするものでした。

「何かさゆりちゃんを迎えに来てって言われてお母さん来たのよ。霊的になったの？　もう家も大変なんだよ。大慌てで来たもんだから、きょうだいもどうして急に私が韓国に行くのと怒っていたよ」

私はそのとき、「あんまりだな」と思ってしまいました。

自分の娘が異国の精神病棟に入院したと聞いたら、親はもっと心配するものだと思います。母が私を心配している気持ちが感じられず、私は悲しくなりました。どれだけ自分がつらいのかを少しでも理解してほしかった。寂しかったのだと思います。


それでも病院を退院した後は、母と一緒に修練苑に戻りました。私は7月30日から清平の修練会に参加していましたが、10月後半にある大規模な役事まで残りたいと思っていました。修練会の日数もまだ数日分残っていました。

しかし母はだめだと言い、なぜかと聞くと「スタッフが帰ったほうがいいと言ったから」ということでした。

「それでも私は残りたい。清平には自分のお金で来たよ。お母さんが持っている私のお金で残るから」

私がそう言ったとき、母はあっという顔をしました。

「だめだめ、もううちにはそんなお金ないのよ。上のお兄ちゃんの大学の費用で生活が大変なんだから」

私は母にそれまでアルバイト代のお金を渡すときは、「必要になったら返すから貸して」というふうに言われていました。私としては、母にお金を預けている状況で、自分が必要になったら返してくれると信じていました。

しかし、母は返してくれず、もうそんなお金はないと言われたとき、私は裏切られたような気持ちになり、大きなショックを受けました。学校に行きながら、休みを潰して必死に働いてきたお金は自分の大切だと思うことには使えないのです。結局、私は母とともに帰国しました。

清平から帰国した後しばらくすると、私はやりたいことや将来の夢がわからなくなり、不安を感じることが増え、うつ状態と思われる症状や、パニック障害のような症状が現われるようになりました。

強い不安に襲われ、息がしづらくなり、自分は死んでしまうのではないかと感じ、その後じっとしていられないほどの強い吐き気がしたり、体の震えが止まらなくなったりしていました。

体を動かそうと思っても動くことができなくなり、寝転んで天井をずっと見つめていることしかできないときもありました。

症状がひどいときは、自分の体が本当におかしい、このまま死ぬかもしれないと感じ、恐怖で涙と痙攣が止まらなくなり、「お母さん、早く来て、助けて」とすがる思いで母に伝え、救急車を呼ぶこともありました。病院に着くと症状が治まって、しかし家に戻ると翌日から3日間高熱が出たこともありました。

「自分の体はどうなってしまったんだろう。悪霊のせいで死んじゃうのかな」

「神様、悪いことをたくさんしてごめんなさい、助けてください」

お祈りをしながら泣いていました。

きっかけの一言

清平から日本に帰ってきた後に、両親と教会で話したことがありました。

「大変だったそうだが、清平はどうだった？」

父にそう聞かれたとき、ふさぎ込んでいた私は、泣きながら「すごく嫌だった」と言いました。

しかし、清平で霊的になってしまって大変だったと伝えても、

「いまは何が起こってもおかしくない時代だからな。それだけ神様がお前に期待しているから試練をくれるんだ」

と、父はいつもの通りに答えます。

私はいつだって私自身を見て、向き合ってくれない両親に対して、腹を立てるよ

うになっていました。

「お父さんとお母さんはおかしい」

どうして家に引きこもってしまっているのか、なぜ働きに行けなくなったのか。私はふたりにちゃんと聞いてほしかった。

私は両親の愛情に飢えていました。もし自分が親だったら、子どもがパニックを起こしたり、体の具合がよくわからない状態だったら、一緒に病院を探したり、その原因を一緒に考えたりすると思いました。親である自分たちの何が子どものストレスになってしまったのか、清平で何がつらかったのかも真剣に考えるでしょう。けれど、母は私が高熱を出しても、「熱が出た。看病するね」「熱が下がったね」という感じで、その原因や本質的な問題に向き合おうとしてくれないように私には見えました。

一方で、相変わらず父も母も教会ではニコニコとしていい人であり続けています。

「天一国主人、私たちの家庭は真《まこと》の愛を中心として――」

父が週に一度、母はほぼ毎日、もう何十年も教会で唱えている家庭盟誓です。精神を病んだ娘に向き合わず、家では認知症になった祖母を怒鳴りつけているのに……。

私は両親の言っていることとやっていることが違い過ぎる、と思うようになりました。自分の家族を幸せにしようとしないのに、教会では家庭の完成や、世界の幸せと統合を祈っているのです。

そのことを指摘しても、両親の答えは常に「教会」の言葉ばかりでした。

「それは申し訳なかった。お父さんお母さんも完璧な人間ではないからね。でも、教会のみ言《ことば》やお父様は間違えないよ。間違えるのはいつも信者で、ご父母様が間違えたことはない。私たちは堕落人間だから、間違えることはたくさんある」

私が言ってほしいのは、そんな言葉ではありませんでした。いつもとりあえず謝ってくれるけれど、本当に聞きたいのはもっと私自身と向き合ってくれる生《なま》の言葉でした。

それでも私は一旦は両親の話を信じて、やはり霊のせいなのだろうかと思って、「先祖解怨《かいおん》してほしい」とお願いしたこともありました。

これは清平の修練会の講義で学んだことですが、身の周りに起きる不幸なことはすべて私たちの先祖に恨みや因縁を持った悪霊の仕業で、４３０代前まで先祖解怨をすると、地獄やその他霊界のどこかのランクに落ちてしまっていた先祖が解放され、祝福を受けることで絶対善霊になり、子孫である私たちを守ってくれるそうなのです。

我が家は、父方の1~7代の解怨は終わっていると母から聞きました。1~7代だけを解怨、祝福するのに、日本円にして解怨で70万円、祝福で1万円くらいかかると清平の修練会で聞きました。「先祖解怨」には相当なお金がかかるため、そもそも我が家には無理なことでした。

きょうだいは母がこう言っていたと私に伝えました。

「先祖解怨っていくらすると思ってるの？　何を考えているんだろう、あの子」

経済的な事情があるにしても、苦しんで必死にすがろうとしている娘に対して、そしてバイト代を長く預けてきた娘に対して、他に言いようがあるのではないかと私は悲しくなりました。

私は清平に依存していました。

退院後にいったん帰国したものの、それから1ヶ月も経たないうちに清平に渡り、秋の大役事に参加しました。その翌年の2015年と2016年にも清平での修練会や短期プログラムなどに参加しました。

お金があればずっとそこにいたいと思っていました。

清平では、人格が崩壊しそうになったり、精神病棟であれだけつらい思いをしたのに、と不思議に思われるかもしれません。

しかし、穏やかなときには他の信者さんや2世と仲良くなったりできることが楽しく、青春を感じられました。体調が悪かったからこそ、お祓いをしているということに安心感もありました。

私は韓国にある統一教会系の大学に進学するつもりでしたが、体調を崩したことでそれもままならなくなっていました。また、私が兄たちの学費や家の生活費のためのお金を入れることを母から期待されているように思え、とても進学どころではないと思いました。

進学を断念した私は、将来の設計図を失っていました。先行きが見えないストレスを、清平にいるときだけは感じずに済んでいました。いまのこの時間に、このお祓いに、集中していればいいという環境は心地よいことでした。

しかし、2016年の3月から4月まで参加した短期プログラムを最後に、私はもう清平には行っていません。清平に依存していた気持ちもすっかり消えていました。

私の心を揺るがす一言を母が発したと聞いたからです。

それは、仕事がうまく続かず引きこもりがちになっていたときのことです。

当時の私は、両親が私に声をかけてこないのは、心配していてあえてそうしているのだと考えてみようとしたこともありました。

ですが、あるときょうだいが私の部屋に入ってきて言いました。

「お母さん言ってたよ。あの子家にお金も入れないし、いつになったら働くんだろうって」

この言葉に私は大きなショックを受けました。

結局私の体調よりも、家に入れるお金のことばかりなのかと感じてしまったのです。

統一教会を脱会したのには様々なきっかけがありましたが、この母の言葉が一番大きかったように感じます。

私の精神がおかしくなったのは、親のせいじゃないだろうか。その親は平気で教会に通い、いい人を演じる。私にお金を返さないのに、献金は惜しまず繰り返す。そもそも教会側も、これまでの対応は正しかったんだろうか。

それから教会に対しても強く疑問を持つようになりました。

私は高校生の頃から19歳頃まで、アルバイト代を預かるという名目で母にほとんどのお金を預けていました。ですが、そのお金を渡した母から返してもらうことはできませんでした。

２０１５年、私がアルバイトしていた介護施設まで、母がお金を取りに来たことがありました。その日は給料日で、手渡しでもらった給料袋を自分の白いロッカーにしまっていました。

施設のデイサービスで高齢の利用者さんのお世話をしていたところ、施設のインターホンが鳴りました。当時一緒に勤務していた女性職員から「お母さん来てるよ」と教えてもらい、玄関へ行くと、深刻そうな顔をした母が立っていました。

「さゆりちゃんごめん、お兄ちゃんたちの大学のお金もあって今月本当に厳しくて、絶対に返すからお給料もらえないかな」

私は自分のためにお金を貯めたいし、嫌だから帰ってくれと頼みましたが、母は「お願い」と言って渡すまで帰ろうとしませんでした。その月の給料のほぼすべて、15万円ほど渡しました。

それからしばらくしてからは、母に現金を渡さないようにするためにバイト代を振り込みにしてもらい、働いたお金を自分で貯めることができるようになりました。

私が20歳になった頃、母に成人式の相談をしましたが、母はとても嫌そうな顔をして、「興味がない」と言いました。そのときの母の顔には、そんな金あるわけないだろと書かれているようにも感じ、それ以上言えませんでした。

友達には、自分が成人式に興味がないように振る舞いながら、式には参加せずに、自動車の合宿免許を取りに行きました。合宿免許の費用20万円も自分で出し、16万円の中古車も自分の給与で買いました。

「お母さんは私のことをお金のあてにしか思っていないんだ」

私はそう感じ、言い表わしようのないショックを受けていました。

その頃、市役所に「親にお金をとられて、返してくれない」ということを相談に行ったことがあります。しかし、「親が宗教をやっていて」と言ったとたん、「それは親御さんとよく話し合って」とか、「宗教のことは、私たちはよくわからないから」と避けられてしまいました。警察にも相談に行きましたが、「親子間の問題だから、そういうのは介入できないし、宗教の問題はちょっと難しい」と言われ、対応してもらえませんでした。

「教会も嫌だし、行きたくない。もう、家を出てひとり暮らしをしたい。もうこの家は嫌」

母に自分の思いを伝えましたが、母は「ひとり暮らしは不経済だからダメ」と相手にしてくれませんでした。

私は自分が働いて貯めたお金でひとり暮らしをするつもりだと説明をしました。それでもダメと言うのは、私がひとり暮らしをするとお金を家に入れる人が減るからだとしか思えませんでした。母はまだ私のお金をあてにしようとしているのかと、呆れました。

教会というフィルターを通してしか子どもを見られない、子どもをお金のあてにしか思っていない両親に対して、私は怒りを感じていました。

2世をやめたい、脱会したい。

もう後戻りができないほどに、自分の心は冷え切っていました。

私は統一教会を脱会することを考えるようになりました。

統一教会を脱会すると言っても、脱会の手続きはしていません。というのは、知り合いの2世で先に脱会した人がいたのですが、教会に手続きに行って、四柱推《しちゅうすい》命《めい》（中国発祥の占い）をされたり住所を書かされたりと、とても怖い思いをしたと聞いていたからです。脱会しに教会に行けば、引き留められるだけでしょう。よって、他の多くの脱会者がそうするように、フェードアウトするように統一教会から離れました。

第5章　新しい家族

遺書を書く

アパートの周りはとても静かで、時々電車の通る音だけが聞こえました。

家賃3万5000円の部屋で、私はひとり暮らしを始めました。

とにかく家族の声の届かない場所に行きたい——その一心で家を出ました。両親には相談はせず、自分ひとりで物件を見つけ、契約をしました。

家からは、衣装ケースと100円ショップで買ったキッチン用品、衣服、その他読んでいた本などを持っていきました。

親からも、教会からも離れて自分の道を探す——。私はそう決意していました。けれどひとり暮らしが始まった最初の日、スーパーマーケットで食材を買ってきて部屋に置いた途端、涙がこぼれてしまいました。レジ袋を抱えてドアを閉めると、しんと静まり返った部屋で私はひとりなんだと痛感し、不安で、とても心細く感じたからでした。

大家族で育った私は、スーパーで普段のようにキャベツをひと玉で買ってしまいました。ひとりではこんなに食べ切れないことを知って、最初の1週間は、豚肉と炒めたり、トマト煮込みを作ったりと、キャベツ料理ばかりを食べていました。

ひとり暮らしを始めて2ヶ月ほど経ったある日、また大きな不安に襲われました。2時間ほど、身がよじれるぐらいの吐き気に苦しみました。涙がどんどん出て、過呼吸のような症状が出て、全身が恐ろしいほどがたがたと震えていました。

発作から3時間、症状に終わりがみえず、救急車を呼びました。

「体の震えが止まらないんです。怖い」

それから私は神経内科に1週間近く入院しました。いろいろと検査をしたのですが原因はわからず、「特に異常がない」と言われました。

入院の後、メンタルクリニックで精神安定剤の頓服《とんぷく》の処方を勧められましたが、この頃の私はまだ教会を離れたばかりで、慣れ親しんできた統一教会の教義に心を支配されていました。

先生の話を聞いてもつい、

「この人が言ってることって本当なんだろうか。実はサタンなんじゃないか」と思ってしまうのです。それでも処方された薬を飲んでみると、症状がとても落ち着きました。

一方で自分の抱える問題が身体の異常ではなく、精神的なものなのだとわかり、そのことにショックを受けたのも事実です。

病院を出てから私の心に浮かんでは消えていくのは、親や教会に裏切られたという感覚でした。祝福2世として生まれた私は「神の子」として期待され、「この世は全部サタンだ」と言われながら生きてきました。

それは自分の価値観の根本のところに染みついていました。幼い頃から20歳まで教え込まれてきた価値観が、脱会を決めたとたんに意味を持たなくなってしまい、かといってこれだという明確な価値観もない。自分が空っぽになってしまったような感覚でした。

その衝撃は、自分のなかでも想像以上に「厄介」なものでした。

これまで自分のなかにあった思想や価値観がすべて抜けてしまい、人との接し方がわからなくなり、たまに教会のことがフラッシュバックする。

生きていくことがうまくいかない。

ごく普通に生きている人を見ても、まず「ああ、この人は堕落世界、サタン世界の人だ」と感じてしまい、そんな世界で自分がどう生きていけばいいのだろうと思ってしまう。そのあと、「いや、私はもう信仰は捨てたのだから、この世界できちんと生きていかないといけない」と思い返したりと、思考が常にぐるぐると回っていました。

インターネットで統一教会について検索して、信じていた文鮮明の教義に対する批判も目にするようになりました。

それでも、なお人に対する恐怖心が強く（だってサタン世界の人だと思ってしまうのですから）、バイト先でも人間関係がうまくいかなくなりました。

私は家にいるとき、両親に対する手紙をずっと書いていました。

手紙を書き始めると自然と涙が出始めました。私が書いていたのは「遺書」で、死ぬのだから最後に本当に思っていることを書かなくてはならない、伝えなければならないと思っていました。

私は両親に対して恨みを書くつもりでした。でも、本当にこれが最後で死ぬんだから、最後に思っていることを正直に書きたいと思い直しました。恨みだけではなく、お父さんのことをすごいと思っていたときもあった、お母さんが大好きだったこともあったのだから、そういうこともちゃんと伝えたいと思ったのです。

書き始めると涙がぼとぼとと溢れてきました。書いては捨ててを繰り返し、最後まで書き上げるまでに1週間くらいかかりました。

そうして書き上げた内容は次のようなものです。

「お父さん

ずっとお父さんに認めてもらいたかった。

お父さんにはあまり自分の気持ちを話せなかったけど、
頼りにしていたし、私にとって頭がいい自慢のお父さんで
お父さんが笑っていると安心した。
私が教会の原理講義大会で優勝を重ねていったころ
お父さんが私にハグしてくれて私だけを見てくれている気がして
お父さんを喜ばせたくて毎日何時間でも何十回でも
み言《ことば》を勉強したし、あの全国大会の日、都会の街に慣れない
私の手をずっと強くにぎってくれて、会場へ向かったことが忘れられない
小さいころ、お父さんの背の高い体で抱っこしてもらうと、
地面から高くて少し怖いけど、とてもとても安心した気持ちになれた
お父さんがあんなにも嘘つきで、家族に対して逃げてきたことを
私はやっぱり許せない。

お母さん

お母さんのことが本当に本当に大大大好きだった。

笑顔で優しくて絶対に私の味方でいてくれると思っていた。

小学一年生のころから本当は学校へ行ってくれる友達がひとりもいなかった。

心配して○○ちゃんや○○くんが「さゆりちゃん一緒に帰ろう」って言ってくれたこともいっぱいあって、泣きそうなくらい嬉しかったけど、また、あの子たちに「ひとりで帰って」と言われるのはいまでも想像しただけで怖い
大好きだったバスケットボールも、私が学校でウォークマンを聞いていたと嘘のうわさをみんなが信じて、その日からずっと球拾いで練習に入れてもらえなかった。

ゴールの下でみんなを見ながらボールを拾って、泣くのをぐっとこらえた
私はいじめられているとき怖くて胸がドキドキして足がふるえる。

先輩に服を脱がされてみんなの前で笑われたことをお母さんに話したけど、

『そうだったの……神様が本当にさゆりちゃんを見て悲しまれたね』とか、

お母さんじゃなくてまた神様　お母さんは泣きもしないでまた普通の日常にもどって。
私が話したことは大したことじゃなかったんだね

それでもその時のことをいつわりなく書く
どれだけいじめられて怖くても、帰ったらお母さんがいるから
はやく、はやくお母さんに会いたくて毎日走って帰ったんだよ。
本当に、お母さんだけが信じられる人だった

そんなお母さんに　私が部屋で閉じこもっていたときも
私が働かない、お金を家に入れない役立たずとしか思われていなかったことが
どれほど辛かったか　一週間何をしても涙が止まらなかった。
あれほど泣いたことは人生で一度きり
そしてお母さんもお父さんもみんなもいまも私のことなんてどうでもよくて

気にせず笑ってあの教会へ行って生きがいを見出しているんだろう」
私は教会に対する思いを書き綴《つづ》りました。やりきれない思いがあったからです。こんなにボロボロになった私のことを気にも留めず、教会にいつも通りに通っている母が許せませんでした。

「お父さんお母さんがしてしまった間違いはやはり消化しきれない
健康に生まれて体力もあって運動も好きだったのに
今は毎日吐き気がして体が動かなくて横になることしかできないゴミになってしまったのだから。また運ばれるのかまた死の恐怖がおそってくるのか。
こんな何の生産性もないゴミが一人死んだところで誰も悲しまない
みんなを返してほしい　本当に、たしかに幸せだった。
ああ、悔しい　こんな形で死んでしまうことが　やり返せないことが

あんなにも友達がいたのにたくさん笑ったりしたのに今は笑い方もわからない
私が死んだのはお前らのせいだ　でも大好きだったことも嘘じゃない
悔しい　悔しい　悔しい　生きていたかった　愛し愛されたかった
さようなら」

私がどうしてここまで書いたかというと、信じるものもなくなり、精神を病んでしまい、自分の人生が終わったと感じていたからです。

生きていても社会の役に立てないし、自分が死んでも誰も悲しまないと感じていました。

そして、私は自分がそうなったのは、両親のせいだと思っていました。祝福2世として生まれ、家族のなかですごくいい子を演じ続け、親を悲しませたくない、喜んでほしいと思い、親を愛していました。

その思いを利用されて、アルバイトしたお金も母に取られてしまっていた。これだけ自分の娘が苦しんでいても、それに向き合おうとしないで、平気で「神様が」

「世界平和が」と言って教会に通って過ごしている両親が許せませんでした。「神の子」と言ってさんざん持ち上げながら、結局、私がダメになってもまるで助けようとしてくれない父と母が許せなかった。

私は清平に行くまで、講義大会で全国の2位にもなったし、両親にも教会にも期待されていました。それが清平では周りに迷惑をかけ、精神病棟に入院し、希望とは程遠い存在になってしまいました。

生きていることが恥ずかしかったし、これまでの人生のすべてが否定されたような気持ちを抱いていました。

私には20年間、自分の心の芯の部分に神様がいました。教会では神様が私たち人類の親で、愛を持つ存在であることを教えられてきました。人間を作ったのは喜びのためで、だから、私たちにも愛という感情があるのだ、と。

まじめに生きていれば、死んだ後に神様が認めてくれ、天国にも行ける。苦労をしたり理不尽な思いをしても、人を愛し、善なる生き方をすれば、最後には報われる。つらいことがあってもそのためなんだ、というのが私の人生の指針でした。

でも、そうした教えがすべて嘘だった。そう思うと心の芯が抜け落ちてしまったようでした。どんなにまじめに生きても、人を愛しても、誰かに親切に尽くしたとしても、死んでしまったら終わり。神様が認めてくれるわけではない。良い霊界に行けるわけでもない。

しかも私が生まれてきたのは、両親が合同結婚式で結婚して、教会の教義のためだったのだという感覚が苦しかった。教会を否定すれば、私の存在価値は何だったのかわからなくなったのです。

私は何のために生まれてきて、何のために生きているのか。自分の存在する意味が芯から抜け落ちて、立てなくなってしまったわけです。

私は結局、「遺書」を両親に見せることはありませんでした。

仮に私が死んだとしても、「あれだけ期待されたけれど、結局神様の試練を乗り越えられなかった、サタンに負けてしまった」などと言われてしまう。

それに私が最も嫌だったのは、死んだ祝福2世の意思は無視され、都合よく話がつくられてしまうのではないかということでした。

私がメールをしていた年上の信者とのやりとりでは、亡くなった10代の2世に対して、「笑顔で送ってあげたい、霊界で○○様（亡くなった文鮮明の子ども）とともに大活躍できるように」という内容が送られてきたことがありました。信者の間でも「亡くなったあの人は、いま霊界で活躍している」という会話はよくありました。

そう言われることを想像すると、この手紙を両親に遺して死んでも意味がないと感じました。

結局、彼らは自分の子どもに向き合うことはせず、すべてを都合よく考えるだけだろうと思うと、本当に悔しかった。

すべてを教会のフィルターを通して捉えるこうした見方は、統一教会の信者が献金をする心理とも関係していると私には思えました。

要するに、彼らは自分たちにとって都合の悪いことと向き合いたくないのです。例えば、我が家では祖母の介護の問題がありましたが、そうした問題は本来、自分たちが向き合って解決していくものでしょう。

けれど、両親はその問題について、お金を払って「先祖解怨」をすれば解決すると考えたり、祈願書に「おばあちゃんとの関係が良くなりますように」と書いたりすれば、なんとかなると信じている。

自分たちが問題と向き合う努力をしなくても、お金を払ったり、お祈りや敬拝、訓読などをしていれば、ご父母様や霊界が解決してくれる——という逃げ道になってしまっているわけです。

問題の根本に向き合いたくないから、奇跡に頼ろうとする。しかも、教会がそれを推奨するので、実際に向き合うことなく逃げられる。統一教会では、教えに疑問を持つことや自分で考え判断することはサタンが入るとされ、すべてはアベルに報告し、神様に祈り判断しなさいという。

でも、それでは問題は本当の意味で解決されることはないのです。

私はそのことに気づき、死ぬことを思いとどまりました。

昨年届いた父からのメールには、こう書かれていました。

「あの頃、お父さんはさゆりなら信仰的に乗り越えてくれるはずとただ信じてたんだよ。教会で頑張ってた頃の、お父さんの誰よりも何よりも自慢の娘、それはお父さんの頭からは一生消せないんだ。試練は一時的なもので、この子は必ず信仰的に乗り越えられるはずと思って、押しつけた言葉が親子の断絶を生んでしまうということに今まで気がつかなかったんだ」

そして、外国特派員協会での会見後に届いた手紙にも、

「いつか、わかりあえる日が来ると信じている」

そう書かれていました。

父や母は私に対して悪意が全くありません。娘の幸せを一番に願い、その行動の結果がそうなってしまうのです。このメールや手紙もすべて本心で、私の本当の幸

せが教会への信仰であると信じて疑いません。

「そういう教え、考え方があってもいい」と私が思うことができればいいですが、もうそんな気持ちにはなれない。もう昔のように、心の底から両親と仲良く笑いあうことは、できないと思っています。

それでも、私が過去に書いた両親への手紙は、いまも手元にあります。どうしても捨てることはできないのは、やはりいつか両親に自分の思いが届く日がくると、信じているのかもしれません。

夫との出会い

私はひとり暮らしをしながら、一度はやめた介護施設の仕事に復帰し、アルバイトを続けていました。

私が20歳のときのある日のことです。

重度の障害を持つ、私より年下の男の子がいました。彼はほとんど寝たきりの状

態で、腕を少し動かせるくらいだったのですが、

「○○君、将来の夢はあるの？」

と、話の流れのなかで私が聞いたことがありました。

すると、彼は「バスケットボール選手になりたい」と言ったのです。

それを聞いたとき、大きな衝撃を受け、涙がこぼれました。なぜほとんど身体を動かせないのに、純粋な気持ちで夢を話せるのかと……。


統一教会を脱会したばかりだった私は、これまで自分のなかの大きな部分を占めていた「教会」が消えたことで、頼りにしていた価値観が空っぽになってしまったような気持ちでいました。

神様は私たち人類の親で、愛のある人だから、人間をつくり、人間がお互いに愛し合い地上に楽園を築く姿を見て喜びたかった。だから、人には神様と同じ愛するという感情や、湧き出る純粋な気持ち、感動する心といった神と同じ性質があるのだという考え方が、私の生きている軸になっていました。

脱会したことでそれがぽっかりと抜けてしまい、自分が何のために生きていくのか、なぜ人に優しくするのか、なぜ人を愛するのかもわからなくなっていました。

だから、彼が「バスケットボールの選手になりたい」と言ったとき、大きく心が揺れ動きました。私が彼の言葉を聞いて涙が出るのは、やはり神様がいるからなのか。でも、だったらなぜ神様はこの子に障害を持たせたのだろう、こんなに夢があるのにどうしてそんな酷いことをするのだろう、と思ってしまったのです。

でも、しばらく考えてから、私は「そうではないんだ」とも思いました。その子の障害は生まれつきのものでした。でも、本人は自分のことを「かわいそう」とは思っていない。彼を「かわいそう」と決めつけているのは私のほうでした。

私はその子の純粋さや夢を持っていることに胸を打たれました。一方の自分は将来の夢はなく、教会を脱会した自分がこれから何をすればいいのかもわからない。そんななかで、彼の夢を聞いて、私は励まされるような思いを抱きました。

私は20歳頃に、アルバイトしたお金でアコースティックギターを買いました。信仰を捨て、まだ心の整理のつかない時期に、独学でギターの練習を始めました。中学生の頃から音楽が好きになり、家で何度も聴いては歌っていました。歌やギターは気分を上げてくれるし、その世界に没頭できるので、そのときばかりは現実を少し忘れられました。

私は脱会しようと決めた後でも、お願いされて教会のイベントで歌ったり、兄の祝福結婚式で歌を披露したこともありました。

そして22歳のときに、路上でライブをするようになりました。当時自分よりも10歳近く若い女性シンガーソングライターのファンだった私は、彼女の作った歌をギターでコピーした動画をＴｗｉｔｔｅｒにアップすると、彼女のファンの人たちから「路上ライブをしてくれませんか」と言ってもらえたのです。

精神を病んでいた私が路上ライブをするのを不思議に思うかもしれませんが、当時の私にとっては、音楽がなければ本当に死んでしまっていたのではないかと考えるほど、音楽が心の支えでした。音楽を聴くことやギターを練習することは、人生の価値観も目的も失っていた私の唯一の救いだったと感じています。

好きだったシンガーの女の子のライブのために上京したときに、渋谷の駅周辺と新宿駅の前で、私は初めて路上ライブをしました。途中ファンの人も一緒に弾き語りをしました。

同じ頃、島村楽器のアコパラという大会に出て、地元の県大会で優勝しました。その大会では洋楽やKポップの曲、それから好きなシンガーの女の子の歌を歌いました。


そのシンガーの女の子は、小学校6年生のときにTwitterを始めて、ギターを弾く自分の姿をアップしていました。驚いたのは、彼女がいじめられて半年以上不登校だったと語っていたことです。

あんなに歌とギターが上手で容姿にも恵まれた彼女でも、そうしたつらい時期があったと知って、私は涙が出るような気持ちになりました。その不登校だったときに初めて曲を作ったらしく、そのなかには大人でも心動かされる歌詞とメロディーがいくつもあり、驚かされました。

彼女の曲の歌詞にあったように、私は母の愛を感じられなくて悲しんでいた少女を脱して、2世としてではなく、ひとりの人間として自分の道を見つけたいと願っていました。


統一教会を脱会してひとり暮らしを始めたものの、相変わらず私は自分に自信が全くありませんでした。

自分のことがすごく嫌いだし、人付き合いもどうすればいいかわからず、臆病でした。自分の声も低くて嫌いでした。

でも、歌っているときは、何だか自信が持てるような気がしました。

ふさぎ込んでいるときは、私は頭のなかで際限なくいろんなことを考え、暗算でもするみたいにマイナスの思考にはまり込んでしまう。

だけど、歌を歌うとその状態から一度頭がリセットされて、空っぽの状態になるような気がしました。頭が勝手に何かを考えて怖がっている状態を、少しだけ休ませてあげられる。歌に集中していると悲しいことも忘れられました。だから、この時期の私には歌うことだけが心の拠《よ》り所だったように思います。

そして、私はそうした音楽とのかかわりのなかで、夫と出会うことになったのです。

堕落しても、次の日はやってきた

夫と初めて会ったのは２０１８年１月、好きだったシンガーの女の子のライブでした。

その次の３月のライブにも一緒に行く約束をして、私が路上で歌うようになってからは、彼が私のライブを見に来てくれるようになりました。

最初はライブのチケットの抽選の話とか、たわいのない会話をしていたと思います。そのうち、ＴｗｉｔｔｅｒのＤＭでやり取りもするようになって、個人的な相談をしたり、教会の話もするようにもなっていきました。

そのとき、私は彼に自分の思いや経験を打ち明けました。

2世として生まれてきたこと、この世がサタンの世界だと教えられてきたこと、男の人と付き合うことに罪悪感があること……。

夫はそれでも付き合ってほしいと言ってくれました。

夫は私と違って考えがぶれることがなく、相談に乗ってもらえるととても安心できました。統一教会のことも、私の話を偏見を持たずに聞いてくれました。

そうして夫と付き合い始めてまもなく、私は「ちょっと休んでくる」と書き置きだけを残して実家を出ました。

その頃は一時的にアパートから実家に戻って暮らしていましたが、彼と一緒に暮らしたいと言ったところできっと理解されないと思ったからです。

家を出たのは昼間でした。ギターを背負って、衣類や化粧品など最低限のものだけを詰めた大きなキャリーケースを持って行きました。キャリーケースは車輪が壊れていてまったく前に進んでくれず、少しの距離を進むのにすごく時間がかかりました。

ようやくたどり着いた横浜市の最寄りの駅に、夫は迎えに来てくれていました。まったく知らない土地で仕事が見つかるかわからない不安もありましたが、横浜にはたくさん仕事があるから、何も心配しないでいいと夫は言ってくれました。

横浜での暮らしは趣味の音楽をしつつ、ライブや大会に挑戦したりしながら、アルバイトを転々としました。

その一方で、発作はときどき襲ってきました。私は横浜でも精神科を受診することにしました。

家を出てからは、教会には一度も行っていません。気持ちとしてはずっと以前に脱会していましたが、物理的にも完全に脱会することができました。

それでも、ときどき教会に戻りたいと思ってしまうこともありました。

横浜では友達がひとりもできませんでした。私はそれまでの人生、家族も、友人も、生きがいも、その多くが教会関係だったのです。同じ2世と過ごすコミュニティーは居心地がよかったし、神様という共通の存在でつながっていました。

それをすべて捨て去った場所には、孤独が待っていました。

最愛の夫がいても、これまで信じていたものがなくなった寂しさは消えませんでした。


家を出てからほどなくして、祖母が入院しました。その様子を見にいくために、また自分の荷物を持ち出すために、夫と共に実家に帰ったことがあります。

私は夫を紹介する意図はありませんでしたが、両親は結婚相手を連れてきたと受け取ったようでした。

両親は初めて会った彼に対して、「あなたは人生の目的や結婚観について考えたことはあるか」と問いかけました。

その言い方が何だか教会での説教のように聞こえて、宗教を信じていない彼に対する接し方として違和感がありました。統一教会ではサタン世界の人と付き合うことは許されません。「神の子」として生まれた祝福2世であれば尚更なのでしょう。

だけど、私は脱会の意思は両親に伝えています。

「私たち統一教会の人間は、一般的な結婚とは全く違う。本当の幸せを求めた結婚をしていて、たったひとりの人と愛し合って結婚する。それはしかも、神様に認められた本当の結婚なんだ」

だから私たちにも祝福結婚を受けてほしい、と父は言いました。

両親にとって私たちが祝福を受けて結婚することは、何よりも重要なことだったのでしょう。教会では「連帯責任論」が説かれていて、家族のひとりが堕落してしまうと、その本人だけでなく家族の皆が天国に行けなくなってしまうという教えられてきました。

その頃の私たちはまだ付き合っているだけの段階でしたが、祝福結婚は統一教会の信者でなければ受けられません。祝福を受けるということは、夫も教会に入会させられることを意味しました。

ただ、父にそう言われた夫は、こうきっぱりと伝えました。

「そういう考えがあってもいいと思いますが、私たちは無宗教だし、教会での結婚式を受けようとは思っていません」

翌日、昼食を食べた後にまた4人で話す時間がありました。夫については「こんなにまじめな好青年は少ないと思う」と気に入ってくれたようでした。一方で、両親はあらためて「大事な娘だから、結婚するなら祝福結婚をしてほしい」と繰り返しました。

このとき信じられないような出来事がありました。

「出会えた証《あかし》に乾杯しよう」

と、父が言って目配せをすると、母が冷蔵庫に何かを取りに行ったのです。そうして出されたのが統一教会の「聖酒」でした。

聖酒は、それを飲むと教祖が認めた血統に転換されるとされているものです。教会には伝道相手に対してのチェックシートのようなものがあり、聖酒を飲ませたか、祝福結婚を受けさせたか、という項目があるのを見たことがあります。

サタン世界に生まれた夫に聖酒を飲ませることで、父は夫の血を転換しようとしたわけです。

事前に説明もないまま、何も知らない夫に、そのような酒を飲ませようとしたことで、私は怒りに震えました。

それを飲んでほしいのであれば、「これを飲むと血統が転換される。これは教会のワインなんだ」と夫に説明した上で、合意をとって飲ませるべきです。でも、父は「出会えた証に乾杯しよう」とごまかして、聖酒を飲ませようとしました。そのような態度が私には許せませんでした。

「それって教会のお酒だよね、何で説明もしないで飲ませようとするの？」

私がそう言うと、

「そんなつもりはない」

「勘違いしているんじゃないか」

と、父はしらばっくれていました。

「あなたたちの神様が、そんなことをして本当に喜ぶと思っているの？　そうやって嘘をつくから全部うまくいかなくなるんだ。そういうところがあり得ない」

私は泣き出して、ひとりで1階の台所から2階の部屋に上っていきました。その後も夫と両親はしばらく話していました。夫は「自分はこれを飲んだからといって、騙《だま》されたとも思わないし、血が転換されるとも思わないから別に飲んでもいい。でも、彼女が同意しないまま、飲むことはできません」と言ってくれました。母は黙っていましたが、廊下ですれ違う際「子どもができたらどうするの？」などと聞かれました。母は祝福2世の私がサタン世界の人と結婚するということに、納得していなかったと思います。

母の心配は、私の不安にもどこかつながっていました。

私は生まれたときから「神の子」だと言われ、絶対に純潔を守りなさいと言われ続けてきました。堕落したらそれは死ぬことだと思いなさい、家族が地獄に行くと脅され、それが本当に怖かった。

夫の前にも短く付き合った人はいましたが、一緒にいるとふとしたときに胸がバクバクして、心臓が痛くなってきて、「痛い、痛い」と声が出るぐらいでした。

私は、たとえサタンでなくても、霊的な何かが私の命を奪おうとしていて、地獄に行くんじゃないかと本気で思っていました。パニック症状が出ていたときも、そんな考えが浮かんでいました。

夫と初めて夜を過ごしたときも、胸のあたりに不安が襲い、ガタガタと口や手足が震え、指先が冷たくなっていました。

普通の人にとっては、「地獄に行く」なんて比喩のような言葉だと思うかもしれません。でも私のような2世は、生まれた頃からそう教えられ、ときには地獄を表わすアニメーションなどの映像を見せられていたこともあり、「本当に地獄に行くんだ」という恐怖に支配されていました。

地獄に行ったらどうしよう、地獄に行ったらどうしようと。

ですが堕落した次の日も、朝はやってきました。お腹はちゃんとすいて、私は普通に白いごはんを食べ、おいしいと思いました。地獄の底には行かなかったのです。

「なんだ、お腹が空いて、ご飯が食べられるんだ」

その日、私は本当に悔しかった。いままであれほど脅されていたものは、何だったのだと悔しくなったのです。教えを破っても、何事もなく、いま、私はここに生きている。それは「堕落」でも何でもないと知りました。

もう私は「神の子」ではなくなりました。それで全然平気でした。

そうやって、少しずつ教会から刷り込まれた教えを手放していきました。

本もたくさん読んだし、いろいろなことを自分で調べました。

それでも頭でわかっていても、なかなかすぐに考え方や習慣が抜けるわけではありませんでした。

性的なことに対しても、何かいまだにやましいことだと思ったり、みだりにそういうことをしている人はやっぱりサタンだと思ってしまうときもあります。

たばことお酒も教会では禁止されていたので、付き合い程度にお酒を飲むことはあっても、痛飲している人を見るとサタンだなと思ってしまうこともありました。

夜の繁華街を通ると、やっぱり堕落世界だなと思ってしまう。

本当はそんなことなく、それぞれが自由に自分の人生を生きているだけだとわかっています。けれど、小さい頃から教えられたものは、すでに根深く染みついていました。

食事のときに、手を合わせて「いただきます」と言うのと同じ感覚なんだと思います。

教会の教えで、買い物した袋には「天地人真《まこと》の父母様」「聖別いたします」などと言って、「聖塩」という塩を3回かけるというものがありました。そうすれば、サタン世界で手に入れたものが「聖別」され、清められるというのです。ただ外食などで聖塩がなかったり、どうしても買ってきたものを聖別できないときは、「ふ、ふ、ふ」と3回息を吹きかけろと言われていました。それを脱会前までずっとやってきたのですが、最近でもたまにレストランで、「ふ、ふ、ふ」とやりそうになるときがあります。

いまとなれば笑い話ですが、そうやって少しずつ社会との距離を縮めていきました。

夫には子どもがいなくてもいいと言っていたけれど、本心では私は子どもがとても欲しいと思っていました。

私は「神の子」や「神様」という教会のフィルターを通してしか愛された経験がなかったので、ただただ愛している、という無条件の愛を渇望していたのだと思います。

私たちは同棲をしていましたが、すぐに結婚はしませんでした。それは両家の顔合わせが怖かったということがあります。夫にしたように、夫の家族に対しても、私の両親は勧誘をするかもしれない。祝福結婚などの価値観を押しつけるかもしれない。それを良しとして受け入れる人もいるかもしれませんが、戸惑う人がほとんどでしょう。それが恐ろしかった。

それでもわが子に会いたかった私は、まだ結婚をしていない頃に不妊治療を受けたこともありました。私の体はすぐに妊娠できる状態ではなく、治療が必要でした。ピルを使った治療を始めましたが、体質に合わなかったのか、普通の生活も送れないほどに気持ち悪くなって吐いてしまう。治療はすぐに断念しました。

もう子どもは無理なんだろうと諦めた1年後に、私たちは子どもを授かりました。一緒に暮らすようになってから3年間、子どもができなかったので、妊娠がわかったときは本当に嬉しかったです。

妊婦検診でエコーを見せてもらうたびに、小さな命を見て感動し、泣いてしまいました。

２０２1年の年末に入籍して、神社で結婚式をあげました。白無垢《しろむく》を着てあげたその結婚式は、自分にとって宗教的なものというよりは、普通の人が行なうイベントでした。

両親には結婚式に来てもらいました。縁を切ろうかと何度も悩みましたが、結局、私はやっぱり親子の縁は切れませんでした。

そうして２０２２年4月に男の子を出産しました。

わが子が生まれた瞬間、こんなにかわいいんだなと泣きました。いままでの人生はつらかったけど、こんなに感動できる瞬間があったんだったら、生きてきてよかったなと思いました。あのとき、死ななくてよかったと。目がぱんぱんに腫れた、生まれたときの子どもの顔がいまも忘れられません。

私が子どもに一番求めるのは、自由です。親の価値観を押しつけるのではなく、やりたいことをやらせてあげたい。偏《かたよ》った思想を親が押しつけなくていいし、教育面や経済面でちゃんと親の責任を果たした上で、本人がやりたいことを自由にさせてあげたい。

自分の子どもが、親である私たちの望まないことをやりたがる可能性もあるでしょう。両親からすれば、私もそうだったと思います。そのときに、子ども本人の目が輝いているかということはすごく大事だと思っています。

筆者と夫。出産前にふたりでお花見をした

第6章　「小川さゆり」の誕生

「被害者」は私だけじゃなかった

2022年7月8日、安倍晋三元首相が奈良で撃たれた事件を知ったとき、私は横浜の自宅で仕事をしていました。生まれたばかりの子どもの世話をしながらだったので、日中はニュースを全く見ていませんでした。

「安倍さんが殺されたみたいだよ」

夕方、帰宅した夫にそう聞いたときは、「えっ」と大きな声が出ました。

でも、私がもっと驚いたのはその日の夜、テレビのニュースを見ていたときです。山上被告が「特定の宗教団体に恨みを持っていた」と語っているという報道を聞いて、息を呑みました。

「これは絶対に統一教会のことだ……」

すぐにそう思ったのは、安倍元首相が韓鶴子総裁に祝電を送っていたということを、私は教会で知っていたからでした。父も「安倍さんは原理を知っている人だから」と言っていました。「原理」とはもちろん『原理講論』のことです。

また、「政治家のなかにも統一教会のみ言《ことば》、原理を知ってる人はいるんだよ」ということは、教会で聞かされていたことでもありました。

２０１９年の参議院選挙のときには、２世の友人からこんなメッセージが送られてきたこともあります。

「もしまだ投票しに行っていなければ、全国比例で応援してる議員がいて、協力してもらえないかな……？」

友人があげたのは自民党の当時の安倍派議員の名で、「ちなみに、この○○さんは、安倍首相を支える側の人だよ」とメッセージが続きました。

私は「特定の宗教団体に恨みを持っていた」という話を聞くまでは、元首相の命が奪われたというただただ恐ろしい事件が起きたんだと感じ、哀しくて不安な気持ちでいっぱいでした。

安倍元首相が撃たれた瞬間の動画がＴｗｉｔｔｅｒに投稿されているのを見て、

「日本は安全な国ではなかったの?」と憤《いきどお》りを感じました。

山上被告に対する気持ちも同じです。この日本でこんなテロをするなんて、絶対に許せないと私は思いました。

ところが、「特定の宗教団体への恨み」という言葉を聞き、また山上被告は奈良の人だと報道されているのを見て、不気味な感覚に陥りました。私は統一教会の修練会で奈良の教会に行ったこともあり、他人《ひと》ごとだった事件が急に自分の問題として迫ってくるようでした。

その後、マスメディアでも「統一教会」という名前が具体的に報じられるようになっていくなかで、私の胸には何かが芽生え始めました。

山上の親が1億円を超える多額のお金を統一教会に献金していたこと、それによって彼が極貧生活を強いられ家庭が崩壊したこと、山上の母親が清平に行っていたこと……。

教会との関わりのひとつひとつの話は、私にとって身近に感じられてしまうものでした。

私は一言では言い表わせない複雑な気持ちになりました。テロリストだと思って深く嫌悪したその人は、一方で自分と同じ教会の被害者だったのだと同情し、共感してしまう自分がいる。いったいどう考えればいいのだろう、とひどく混乱しました。

私がTwitterで2世問題について語り始めたのは7月13日のことでした。アカウント名は「統一教会の教会長の娘」としました。

Twitterを始めたのは、事件後に統一教会の元2世の人たちの多くが、ネットで声を上げているのを見たからでもありました。

私はそれまで、統一教会のことでこんなに悩んでいるのは自分くらいだ、と思っていました。けれど、私以上につらい思いをしていた人たちがたくさんいたことを知りました。献金で家が貧しくなって、炊飯器に残ったかぴかぴのご飯に味噌を塗って食べていた人、〝聖本〟を買うために3000万円も献金しないといけないノルマがあったこと――。

統一教会との関係で苦しんだ私は、その気持ちをみんなと共有したいと思ったのです。

最初は、元信者の人と連絡を取ったり、コメントをし合ったりして、「教会にいたときはこうだったよね」という会話をしました。

それから、私はＴｗｉｔｔｅｒに自分の2世としての思いを綴り始めました。

私が「小川さゆり」と名乗るようになったのは、2世の現状を伝えるメディアの取材を受けたことがきっかけでした。

マスクはしていても、顔を出すのは勇気が必要でした。でも、自分のことをよく知ってもらうためには、顔を隠したり声を変えたりしないほうがいいと思いました。子どもがいるひとりの女性として顔を出して発言することで、そういう生身の人間が被害にあっていたということを知ってもらえば、問題の深刻さが世の中により伝わると考えました。

仮名にしたのは、いまは夫の名字なので、教会と関係ない夫の家族を巻き込むわけにはいかないと思ったこと、また子どものことを考えたからです。

マスクをしているとはいえ、教会や両親にはすぐに私だとわかると覚悟はしていました。


それからテレビや新聞、雑誌から取材の依頼が入るようになり、じきに野党のヒアリングに呼ばれることも増えました。

最初に政治家の人から声をかけられたときは、「ちょっと怖いな……」と感じました。2世信者の味方をして支持率を上げたいだけなのではないか、と考えてしまう気持ちがあったからです。

けれど、一度話を聞きに行くと、その印象は変わりました。

「この問題にいままで取り組んでこなくて申し訳なかった。被害の大きさを知って何とかしたいと思っている。やはりこの件には法律が必要です」

そう率直にお話しになられたからです。

現行の法では悪質な献金そのものを規制する法律がなく、私たちも新しい法律が必要だと考えていました。

私が特に訴えたかったのは、「子どもには罪がない」ということと、「悪質な団体を規制する必要がある（被害者救済法や反セクト法など）」ということです。

親は騙されたり強引に勧誘されたのでなく、自分の責任と選択で宗教を信じ、献金をすることもあるでしょう。ですが、その子どもには何の選択肢もありませんでした。生まれた頃から「神の子」と勝手に言われ、世の中はサタンだと教えられ、人間の本能である恋愛も禁じられました。そして生活費や教育費を切り詰め、子どものことよりも教会に目を向けている親に育てられた2世たちの悲痛な叫びを聞きました。

いまこの日本で被害を受けている子どもたちは、声を上げることもできないでいるでしょう。親元にいるから、身元がばれるわけには絶対いかないからです。

また、統一教会がこうした被害を認めないせいで、世間からの目も厳しくなっていて、それは何の罪もない信者の子どもたちへの差別にもつながりかねません。

子どもたちを救うことは私にとって最優先のことでした。

そんな子どもの被害を訴える場所として考えたのが、あの日本外国特派員協会での記者会見でした。

10月からの臨時国会で２世問題が議論されなければ、事件によって注目を浴びるようになったこの問題も、法律が作られることなく忘れ去られてしまうのではないか、という危機感がありました。

私は夫と一緒に会見に出ました。夫は仕事をしながら、会見の資料作成を手伝ってくれました。

私は法律の専門家ではありませんが、元２世信者として顔を出して話すことは自分にしかできません。夫に支えてもらいながら、私は初めての会見に臨みました。

そして会見が始まって45分ほどたった頃、あの両親の署名が入ったＦＡＸを確認することになったのです。

「私が正しいと思ってくださるなら、どうかこの団体を解散させてください」

という私の発言は、思わず口に出たものです。内心では私は激しく動揺していました。

私がいた頃の統一教会には、良い思い出もたくさんありました。私は両親との関係がこじれて脱会したけれど、教会にはいい人もたくさんいたし、教会の「異様さ」をまだ私は実感しきれずにいたところもあったと思います。

でも、あのＦＡＸを見た瞬間、そうした思いはついに消えました。その意味で、統一教会と本当に決別した瞬間だったと思っています。

ただ、特派員協会での会見は後から、統一教会問題の風向きを大きく変えるものだとさまざまな方に言ってもらえました。そこから取材の依頼が増え、テレビでも盛んに放送され、ＹｏｕＴｕｂｅでも７００万回以上再生されることになりました。

その後、風向きは次第に変わっていきました。

10月17日に、私も呼びかけ人のひとりとして「統一教会の宗教法人解散」を求める署名活動を署名サイト「Change.org」で始めました。同じ日、岸田文雄総理は永岡桂子文部科学相に対して、宗教法人法に規定されている「質問権」の行使による調査を指示しました。

10月21日には被害者救済法案を検討する与野党協議会が開始され、その１週間後に私はふたりの２世信者と共同記者会見を行ない、今国会での法整備を求める要望書を総理に提出することを発表します。

そんななか、11月になると与野党協議会のなかで、これまで法案に後ろ向きだった自民党が、一転して救済法案の成立に向けて動き始めました。

私が自民党から２回目のヒアリングを受けたのは、11月２日のことでした。「霊感商法による被害防止や救済策を検討する小委員会」の会合が党本部で開かれ、そこで話を聞いてもらえることになったのです。

私は、「未成年も巻き込まれているという意味でも、責任を持って早く対応してほしい」と、救済法成立を求めました。

救われるべき人たちのために

精力的に法律制定に動いていたその頃、私は体調を崩すようになりました。家にはまだ生まれたばかりの赤ちゃんがいたので、子育てとの両立はとても難しいものがありました。

ご飯を食べようとは思うのですが、おなかの調子も悪くなってしまい、子どもの泣き声を聞くだけで食欲が失《う》せてしまったりしました。抱っこをしてあやしているうちに、「もうご飯はいいや」と、食べるのが面倒になってしまうのです。1ヶ月で体重は5キロくらい減ってしまいました。

さらに私を悩ませたのは、自分の顔を出して統一教会の2世の問題を訴えるようになって以来、増え続けた誹謗《ひぼう》中傷でした。

私の知人を名乗る人がインターネットで個人情報や過去のネット上での投稿を拡散してそれを調べる人が現われ、私や子ども、夫の個人情報がＴｗｉｔｔｅｒ上で流れていました。とても傷ついたのは、私が不妊治療をしていたことまで批判するネタとして書かれたことです。

私自身、語る必要がないと考えることは語っていないことも多く、例えば音楽が好きで路上でライブをしていたことは公にしていませんでした。

その動画をTwitterで紹介し、まるで私が人生を楽しんで生きていることが罪であるかのように、攻撃材料にされていました。脱会信者は一切の楽しみを持ってはいけないのでしょうか。歌を職にしたことは一度もないのに、「歌手活動で売れなかったから次は被害者ビジネスだ」とまで、書き込まれました。

できるだけ批判を目にしないでおこうと思いながらも、体調を崩して起き上がれない状況が続くことが増えていきました。

そんな頃、教会から脱会した人が集まり家族の被害を相談する「全国統一協会被害者家族の会」から、集まりに同席してほしいという招待のメールが届いていました。しかし、臨時国会中の法案成立の活動で忙しく、いまは参加できない旨を伝えていました。そもそも体調を崩していた私は、一時的にメディア対応を断わるようになっていました。

いったんお断わりはしたものの、それでもなおどうしても「参加したい」と思いました。開催日の3日前に、やはり参加したいことを連絡すると、被害者家族の会の方は快く受け入れてくれました。

会場に着くと、元信者の方たちがとても温かく迎えてくれました。私はその光景を見て、教会へ通っていた人たちのことをありありと思い出していました。初めて会った人たちなのに、ずっと前から知り合っていたような懐かしい感覚になりました。

「お子さんも連れてきてください」と言っていただいていたので、息子と一緒に行きましたが、交代で息子を抱っこしてくれて、孫のようにかわいがってくれました。こんな優しい罪のない方たちが被害を受け苦しんでいることに胸が痛くなりました。

そこでは、特派員協会での私の会見を見たことが脱会のきっかけになった、という家族にも出会いました。

お母さんが信者であり、安倍元首相銃撃事件後、お子さんたちはお母さんを脱会するように説得していたそうです。そんなときに、家族で私の会見をリアルタイムで見ていたそうですが、そのお母さんがそれでも教会を擁護するようなことを話し、それを聞いたお嬢さんが過呼吸になってしまったそうです。

そんなお嬢さんの様子を見て、お母さんは「現実を見なければと思った」と話していました。

私が強く感じたのは、お子さんたちのお母さんへの愛情でした。ごきょうだいで来られていましたが、お母さんのことを本当に大切に思っていて、お母さんもいま一生懸命お子さんたちと向き合おうとされている家族の強い絆を感じました。

しかし、そのお母さんも含め、会に来られている方々は決して脱会して晴れ晴れとした様子という訳ではありませんでした。会場にいた方も、「(脱会後で)みんな、放心状態という感じですね」と言っていました。

教会を脱会して間もない頃は、これからどうしていけばいいのかわからなくなるものです。なかには数十年間も教会の活動をされていた方もいるので、これから生活を再構築していくのは過酷なことでしょう。元信者にはもう若くない方も多く、先の不安でいっぱいだと思います。

私自身もそうでしたが、脱会直後は心身ともに不安定な状況で、いつまた「やはり戻ろう」という気持ちになってもおかしくはないのです。

そんな方々を見て、私は当時の自分の状況も思い出し、もうこういった被害にあって苦しむ人を作ってはいけないと、改めて思わされました。

特にそう思ったのは、教会にいた方たちはみんな優しい人ばかりということを思い出したからです。その脱会したお母さんも、当時ご飯を作って教会へ持って行って、みんなが「おいしい」と言ってくれることが嬉しかったとお話しになっていました。私も教会の方が作ったご飯を何度も食べた経験がありますが、気持ちがこもっていてとても優しい味がして、大好きでした。

そんな思い出が蘇《よみがえ》り、私は会場の衝立《ついたて》の裏で思わず涙をこぼしてしまいました。自分の活動はたくさんの人の人生を巻き込んでしまっている、とも感じました。

それは間違ったことではないと思っていても、いま信仰をしている人たちにとっては、どうしたって私が悪者にしか見えないでしょう。私を恨んでいる人もたくさんいると思います。

数十年信仰してきて、教会がその人たちの居場所になっていることもよくわかっています。だからこそ、そうした場所を自分が奪ってしまうことにもなりかねないという重荷に耐えられなくなりそうでした。若い人ならまだしも、高齢者はいまさら脱会して生きていくことに、不安でいっぱいになるのは当然でしょう。

その人たちの人生を巻き込む権利が自分にあるのか。どうしようもなく激しい葛藤が芽生え、わかり合えないということがこんなにも悔しく、つらく、歯がゆいことなんだと、涙が止まりませんでした。

もし、自分が生まれ変わってもう一度人生を歩むなら、いまの自分の役は、もう二度とやりたくないと感じた一日でした。

しかし、自分がその人たちから見てどんなに悪者になったとしても、未来の子どもたちや、救われるべきたくさんの人たちのために、やはり伝えるべきことがあると思いました。

12月6日、救済法案に関する国会審議が始まりました。

そして12月8日、ついに衆議院の本会議で、悪質な献金を規制するための救済法案が通過します。傍聴していた私はその様子を見ながら、前の座席の背もたれに突っ伏すようにうつむいてしまいました。泣いているところをカメラに撮られたくなかったからです。多くの被害者が見ているわけですし、法案には課題もまだまだたくさん残っている。だから、いま私が泣いてはいけない、いまは耐えなければならないときだ、と思ったのです。

それでも本会議場を出た途端、私は嗚咽してしまいました。その後に記者会見があったのですが、少しだけ時間をもらって涙を止めようとしました。ですが、やはり会見でも泣いてしまいました。

「短い期間で新法を作ることは、いろんな壁があると思う。奇跡に近い内容だと思う」

「まだまだ課題が残っている。被害者がいることを忘れないでほしい」

これまでのことを考えれば、わずか3ヶ月という期間での超党派による立法は、与野党が共闘した奇跡のような出来事だったと思い、胸が熱くなりました。ただ、その内容には心残りもありました。

ひとつは救済される被害者の条件が厳しく、現実に沿うものになっていないことです。

例えば、献金の問題がそうです。信者本人は「感謝してささげます」と自分の意思で献金をしているように見えますが、実は本当の意思ではないのかもしれない。被害者の救済が「必要不可欠だと言われて献金をさせられた」という形のものにしか行なわれないのだとすると、実際の被害には適用できないことになってしまうかもしれません。

また、法案には信者本人ではない家族が献金を取消しできる、という条文がありますが。これは一見すると宗教2世にも使えるように感じられますが、その適用範囲がとても狭いのです。

まず献金した全額を取り返せない。なぜかというと、献金する人には「献金をする自由」があるからです。

信仰の自由、財産権の保障があるので、献金を取り戻すためには理由が必要になります。扶養されていた子どもの養育費、夫など家族のお金を献金してしまった、などの相応の理由が必要となるわけです。

こういった理由のついた金額がいくらなのかを過去まで正確にたどるのは現実にはなかなか難しいでしょう。

さらに、未成年の宗教2世が献金を取り戻そうとして裁判を起こすためには、高いハードルがあります。それに未成年であれば裁判には親の同意が必要です。献金している当の本人である親が「裁判をしてもいいよ」と子どもに言うわけがありません。

未成年後見人や代理人に依頼してまで裁判を起こそうとすれば、それこそ親との縁を切らなければならず、家庭が崩壊してしまいます。それに子どもには親がいくら献金をしたかなどわかるわけがありません。

そうした悔しさもあり、私は本会議で法案が可決された12月8日の記者会見では、思わず涙が出てしまいました。

短期間で法案が作られたという「奇跡」にありがたさを感じる一方、もっと自分が誹謗中傷にも負けずに強く闘っていたら、もっと被害者が救われる内容になった可能性もあるのではないか。何十年に一度しかないようなチャンスを、自分は逃してしまったのではないか、という思いが胸のなかでないまぜになっていました。

国会の参考人質疑

翌9日、私は参議院の「参院消費者問題特別委員会」での救済法案をめぐる参考人質疑で、野党側の推薦で参考人として招致されました。そこで私は、「最大の積み残し課題は子どもの被害を全く救済できないことだ。宗教的な児童虐待を防止する法案を成立させるようお願いしたい」と話しました。

この日に話す内容は、当日の朝5時まで考えていました。自分の気持ちを伝えたいと思ったのですが、なかなか言葉にすることができず、委員会に行く直前まで悩んでいました。

書いたものは夫がいつものようにチェックしてくれました。普段は「感情的になってはだめだよ」と言っていた夫は、このときばかりは何も言いませんでした。私はそれで「自信を持って言おう」という前向きな気持ちになることができました。

参議院の参考人質疑は午後4時頃に始まるので、2時間前くらいに家を出ました。

これは議事録という形で歴史に残るのだから、被害者たちの思いを伝えるべきだと思いました。

「自分の経験を話すだけでも深く傷つき、体調を崩しながらも訴え続けてきました。それは被害拡大の張本人の与党側に動きが見られないから、被害者がそこまでやるしかなかったという事実を忘れないでいただきたい。今後は積極的な政府の被害救済に期待いたします」

このスピーチを聞いて、「これは次につなげなければいけない、ここで終わってはいけない」と思ってくれた議員の方たちもいたようでした。

私も「この法律をつくって満足ではなく、これからも積み残した課題をちゃんとやってください」という思いを込めて話しました。

この問題は国や政治家がかかわって、被害を拡大させたものです。騙されたのは「自己責任」なんていう国にはなってほしくありません。

だから、反セクト法で統一教会のような団体を規制し、日本という国にカルト団体が存在できないようにしてほしい。ましてや一部の宗教2世のように、生まれた瞬間からある宗教への信仰を強制させられるようなことは、あってはならないと私は思います。

また、子どもへの宗教虐待をなくすための法律や、困難な状況にある子どもが自分の意思で親から逃げられるような仕組みを作るべきだと考えています。

顔を出して統一教会の被害を語るようになって以来、私は他の宗教団体の2世の方とも交流を持つようになりました。

たとえばある宗教団体では子どもを教育・強制するために、反発する子を鞭《むち》による殴打でしつけるようなことが行なわれているそうです。

統一教会の2世だった私の経験でも、やはり恋愛を厳しく禁止するような教義を教えこむことは、子どもへの人権侵害だと思います。人間であれば自然と湧き出る感情を、当たり前の欲求を禁止することは、精神を不安定にさせることにつながるわけですから。

また、集会や教会に参加させ、早朝から無理矢理起こす祈禱会のような宗教行為も、強制されるのは間違っています。日本国憲法には「何人も、宗教上の行為、祝典、儀式又は行事に参加することを強制されない」という条文があります。それなら、子どもが宗教を強制されるのはやはりおかしいのです。

神様を信じる人もいれば、信じない人もいる。どの神様を信じるかも、人それぞれでしょう。

ただし、信者の家庭を苦しめてまでお金を要求するような神様は、それが本物だとしても私は信じたくありません。信じる必要もないでしょう。

信仰の自由は憲法に認められた国民の権利です。ただし、権利を主張するには、同時に他の法律を守らなければいけません。家庭を重視する宗教を名乗るのであれば、たとえ本人の自由な信仰であっても、家族の生活が苦しくなる献金をさせて家庭を崩壊させるようなことは、あってはならないのではないでしょうか。

そんなことを何十年もしてきたカルト団体は、国がきちんと規制しなければならないはずです。

おわりに　恨むのではなく許したい

外国特派員協会での会見からほどなくして、私は27歳になりました。その誕生日に、父と母から荷物が届きました。じゃがいもと昔よく好んで食べていたカップラーメン、お風呂の入浴剤と共に、両親からの手紙が入っていました。

母は「愛がないお母さんでごめんね。淋しい思いをさせて本当にごめんね」と書いていていました。

父からの手紙には、私がそれまで知らされていなかった母と祖母の葛藤について綴られていました。

若かりしころの母は、高校を出てからスーパーで働いた給料を祖母に毎月全部渡し、祖母はそれを定期預金に入れ、母には毎日昼食代として1000円を渡していたとのことでした。母が祖母に渡した金額は300万円くらいになるだろうと父は書いていました。

「29歳でお父さんと祝福を受けるときに費用とか感謝献金がいるので、あのころ渡していた給料から出してもらえないかとばあちゃんに頼んだそうだ。

ばあちゃんからの返事は『そんなものあるか。全部〇〇（祖母が入信していた宗教団体）に献金した。いまごろ何言ってる。頭かち割ったろか』だった」

この悲しみは私の家族にとって初めてのことではなかったのか。父からの手紙の内容が真実であれば、祖母と母の間で起きたことが、自分と母の間にも繰り返されていたのかと驚きました。

人はどうして神様を信じたいんだろう。どうして宗教にすがってしまうのだろう。脱会してからも、私は何度もそのことばかり考えてきました。

結局、人は拠り所となる何かが必要なのでしょう。それは神様だけではなく、人や物に依存する人もいます。

社会での人間関係がうまくいかないということも、宗教にはまり込むきっかけになると思います。

以前、妻が統一教会の信者で、高額の献金により家庭が崩壊し息子さんが自殺してしまったという橋田達夫《はしだたつお》さんという方にお会いしました。橋田さんの妻は高知から大阪に引っ越されたとき、周囲に友達が誰もいなくて不安だったといいます。

そんなとき、統一教会のような宗教には、「優しい人」がたくさんいます。集会などに行くと本当に優しく受け入れてくれます。

寂しさを抱えていたり、人間関係に不安を抱いたりしているとき、そうやって輪のなかに入れてくれる彼らの存在は大きな力を持っています。誰かとかかわりたい、人の輪に入りたいという人間なら誰もが持っている思いに、統一教会のような宗教はすっと入り込んでくるわけです。

祝福2世として生まれた私が、統一教会の熱心な信者になっていく過程もそうでした。

学校や部活にうまく馴染めなかった私は、学校の友達といるよりは教会にいたほうがずっと安心できました。

教会の子といるほうがとにかく楽なのです。その意味で、私にとって神様を信じることは、「安心したい」という気持ちとイコールでした。

教会にいると安心できる。同じ集団に受け入れてもらい、そのなかに馴染むことで安心できる。

だから、私は統一教会の教えを守ることで、「自分がここにいることを拒否されない安心感」を抱いていたのだと思います。

いま思えば、両親も同じだったのではないでしょうか。

母は幼少期、友達がいなくて孤独な人だったと聞きました。動物が好きで、ひとりで山登りをしていた母は、統一教会に入って初めて友達らしい友達ができたと言っていました。


私が国会に参考人として出席して、被害者救済法案が可決されたとき、結果的に内容に不足はあったかもしれないけど、「奇跡のようなことだ」と思いました。自分の発信もささやかながらに、世の中の変化に寄与していけることに驚きました。

私はいま、実は「神様はいてもいいな」と思っています。ここまで運命的に状況が変わっていくことがあるのかな、と思うから。

私は神様の存在を否定しているわけではありません。でも、少なくとも私にとっては、それは統一教会の神様ではありませんでした。

いま思うのは、神様の存在を自分で確かめるには、人生は短すぎるということです。

それぞれが自分の神様を信じたり、信じなかったり自由にできる。そして、その神様は人を傷つけない神様であってほしい。そんな当たり前のことを願うばかりです。


なぜ人間に愛という感情があるのかを、私は考え続けてきました。

統一教会が教えた愛は、自己犠牲による愛だと私には思えました。欠点があっても自分が耐えて愛するとか、相手のために祈ってあげるとか、それは、「しなければいけない愛」のように感じます。天国に行けるから愛する。世界統一のために愛する。神の子だから愛する……。

ですが、私がいま思っているのは、そういうことを意識して愛したくないということです。理由がなければ、愛してはいけないのかと思うのです。私は愛はもっと自然と、湧き出てくるものであってほしい。
だって子どもは、何のフィルターも通さない、真っすぐの愛が欲しいと思うんです。それをするから天国に行けるとか、何かポイントが上がるからとか、そういうものではなくて、私と子どもだけが向き合っている、そういう愛を求めていると思います。それをやっぱり私は意識したいし、探し求めたい。

その点に関して、夫は私にはまねできない心を持っています。私が被害者として表に立つことのプレッシャーや、誹謗中傷などのストレスで、体調の悪化がピークに達していた頃。どこにもぶつけられないイライラやモヤモヤを、私は気づけば夫にぶつけていました。夫の問いかけを無視したり、夫を理不尽に責めたりしました。それなのに、どんなに私の悪いところを見ても、夫は何も変わらずに許してくれました。

そんなことが続いたある日、私は自分のしていることに耐えきれなくなり、夫の前でわんわんと泣いてしまいました。

「なんで許せるの。あなたは死んだらなにも残らないと言ってたじゃない。まじめに生きたって、悪いことをして生きたって、天罰なんてない、最後は死ぬだけなのに、神様なんていないのに」

これといった信仰を持たない夫が、なぜ私を許し、愛せるのか、私には理解できませんでした。夫は、「そんなの、俺がそうしたいから」「さゆりは無条件に愛してもらった経験をしてないから」と言います。夫は、自分は祖父母にそうやって愛してもらえたから、人をそう愛せると思うと。

私はそのとき、自分がずっと求めていた無条件の愛を、夫がくれていることに気づきました。私自身、まだ愛し方が上手ではないかもしれませんが、少なくとも夫のことも子どものことも束縛はしたくありません。家庭のことを置き去りにはしてほしくないけど、人の自由を奪うのは嫌だし、自分の自由を奪われるのも嫌。自由というのは、誰からも何も強制されないということではないかと、いまは思います。いまの自分には子どももいて仕事もあって、何でも自由というわけではないけれど、それでも強要されているものは何もありません。無理に何かを愛したり、信じたりしているわけでもない。

私はいまが一番自由かもしれません。

私が子どもを産んだとき、看護師さんからこう教えてもらいました。

「こちらが赤ちゃんのことを愛してるように見えるんですけど、でも実は赤ちゃんが無条件でお母さんを愛してるんですよ」

両親との葛藤に囚《とら》われてきた私は、その言葉が胸に残りました。

外国特派員協会での記者会見の中止を求めるFAXで、両親は私が何年も苦しんできた精神疾患を持ち出し、精神疾患があるからまともなことを発言できないという趣旨の文章に署名しました。そういうふうに侮辱されることは以前だったら許せないと考えたでしょう。

ですがいまの私は、子どもの力によって物の見方が変わったところがあると思っています。

人を恨むのではなく、許したい――。

私がいま、健康に育ってるということは、両親がしっかりご飯を食べさせてくれて、自分を育ててくれたということだと、自分が子育てをしているいまならわかります。母におんぶしてもらったり、父にハグしてもらったりという温かい思い出もたくさんあります。

神様のフィルターや教会のフィルターがあろうと、親が子どものことを本当に嫌いだったら、私にそんな思い出は残っていないと思います。

恨みを持ち続けると、負の連鎖は続いていってしまう。

一方で、病院や託児所で赤ちゃんを見ると、そのなかに自分たちのような宗教被害を受ける赤ちゃんがいるかもしれないと思って、いたたまれなくなります。

赤ちゃんは親のことを無条件に好きになります。その子たちに、「あなたたちの親が運悪くカルトの毒親だったのは自己責任です」なんて言うのはあまりにもひどいし、そんなかわいそうな子どもたちをこれ以上生み出したくないと思います。日本がそういう国であってほしくありません。

この国はずっと宗教の問題を放置し続けてきました。子どもたちを守るためには法律と子どもの環境の整備が必要で、これからも私は微力ながらも自分にできることを訴えかけていきたいと思っています。

まだ0歳の息子を託児所に預けるときは、こちらの事情に巻き込んでしまってごめんね、と思いつつ、「ママ頑張ってくるからね」と言っています。

私の願いはひとつです。

わが子に絶対に自分の元に生まれたことを後悔させない、そして日本に暮らす子どもたちがこの国に生まれたことを後悔させないようにしたい。その思いだけです。

小川さゆり（おがわ・さゆり）

旧統一教会元2世信者。両親は合同結婚式で結ばれ、「神の子」として生まれた宗教2世。幼少期から教会中心の生活を送るが、教会の教えとそれを信仰する両親に疑問を持ち、脱会。２０２２年７月の安倍元首相銃撃事件を機に、小川さゆりの名で被害者の発信を決意。同年12月には被害者救済法案を審議する参議院の特別委員会に、参考人として出席した。

小川さゆり、宗教2世

二〇二三年三月一二日　初版第一刷発行

著者　小川さゆり

発行者　三井直也

発行所　株式会社小学館

〒一〇一－八〇〇一　東京都千代田区一ツ橋二－三－一

編集　〇三－三二三〇－五九五五　販売　〇三－五二八一－三五五五

ＤＴＰ　株式会社昭和ブライト

印刷所　萩原印刷株式会社

製本所　株式会社若林製本工場

　ISBN 978-4-09-380125-6